Henning Eichberg

Ethnopluralismus von links

Ein politisches Testament

hrsg. von Mathias Brodkorb

Inhalt

Einleitung

Der Soziologe und Publizist Henning Eichberg gehört ohne Frage zu den schillerndsten deutschen politischen Intellektuellen in der Zeit nach dem Zweiten Weltkrieg. Geboren am 1. Dezember 1942 in Schlesien verstarb er am 22. April 2017 in Odense (Dänemark) nach mehrjährigem Krebsleiden.

Was ihn so besonders macht, ist die Tatsache, dass er im Alter von etwa 30 Jahren im Jahre 1972 der Ghostwriter des eigentlichen Gründungsdokumentes der deutschen „Neuen Rechten" im Umfeld der NPD war. Auch mit Hilfe Eichbergs verabschiedete sich die NPD Schritt für Schritt zumindest offiziell von der alten, hitleristischen Rechten und gliederte sich ideologisch in die europaweit entstehende „Neue Rechte" ein. Er entfaltete mit seinen zahlreichen Veröffentlichungen dabei Wirkung auf die deutsche Rechte weit über die NPD hinaus. Er wurde der wichtigste Stichwortgeber für das Konzept des so genannten „Ethnopluralismus" in Deutschland.

Als neu-rechter Intellektueller in Deutschland verschrien und attackiert, wanderte er Anfang der 1980er Jahre nach Dänemark aus und nahm dort eine Professur für Sportsoziologie an. In seiner Selbstwahrnehmung verschob er sein politisches Denken zudem schrittweise von der Rechten zur Linken. Mitte der 1990er Jahre schließlich trat er in die „Sozialistische Volkspartei" (Socialistisk Folkeparti), die Linkspartei Dänemarks, ein.

In Deutschland allerdings änderte dies nichts daran, dass Eichberg bis zum Schluss als der deutsche Vordenker der Neuen Rechten galt. Ein besonders groteskes Beispiel für die schon manisch zu nennende Entlarvungssucht lieferte im Jahr 2006 der Politologe Clemens Heni in seiner Dissertation „Salonfähigkeit der Neuen Rechten"[1], deren über 400 Seiten ausschließlich Henning Eichberg und dem einen Zweck gewidmet waren, ihn des Antisemitismus und der Verharmlosung des Nationalsozialismus zu überführen. Diese grobschlächtige und vor allem politisch motivierte Auseinandersetzung indes wird seiner schillernden Persönlichkeit kaum gerecht.

Robert Scholz (Pseudonym, ehemals Autor von *www.endstation-rechts.de*) und ich trafen Eichberg im Sommer des Jahres 2009 in Odense. Das in diesem Buch veröffentlichte Gespräch, das Bestandteil einer größeren Arbeit zu diesem Themenkomplex ist, nahm an jenem Tag seinen Anfang und entwickelte sich über mehrere Jahre im Rahmen einer intensiven eMail-Korrespondenz. Aufgrund seiner Erkrankung und seines Todes konnte es nicht mehr in eine „lesbare" Fassung für ein breiteres Publikum gebracht werden. Allerdings ist dies für einen enger interessierten Kreis möglicherweise sogar ein Gewinn. Der Text liefert so beispielsweise zahlreiche biographische Details und vermittelt zudem anschaulich die wertschätzende, aber dennoch durchweg agonale Grundstimmung der Diskutanten.

Eichberg war über den gesamten Entstehensprozess hinweg darum bemüht, die Kontrolle über den Text zu behalten. So stammen beispielsweise selbst die Zwischenüberschriften ausnahmslos von ihm selbst. Auch fügte er dem Gespräch ungefragt eine umfangreiche Bibliographie bei. Es schien ganz so, als ordnete jemand sein intel-

1) Heni, Clemens (2007): Salonfähigkeit der Neuen Rechten, Marburg.

lektuelles Leben vor sich selbst und der Welt, die ihn bald überlebt haben würde. Wahrscheinlich blicken wir auf so etwas wie sein politisches Testament.

Im Text sind zwei Hürden enthalten: Der Beginn des Gespräches beschäftigt sich zu großen Teilen mit den biographischen Stationen Henning Eichbergs. Er erwähnt zahlreiche Organisationen und Grüppchen, Zeitschriften und Personen, die heute nur noch einem kleinen Kreis von Spezialisten etwas sagen dürften. Um die Orientierung nicht zu verlieren, bieten die Fußnoten die entsprechenden Erläuterungen. Gleichwohl wird damit keine Kommentierung im wissenschaftlichen Sinne beansprucht. Für Korrekturhinweise bin ich jederzeit dankbar. Wer vor allem am Denken Eichbergs interessiert ist, kann daher sogleich auf Seite 50 die Lektüre beginnen.

Im zweiten Teil des Gespräches, in dem es insbesondere um die Geltung seines Denkens geht, wird der Leser zum Passagier eines Hochgeschwindigkeitszuges auf einer Reise durch die Philosophiegeschichte des 20. Jahrhunderts. Was auf den ersten Blick wie bloße intellektuelle Spielerei wirken mag, ist allerdings die unabdingbare Voraussetzung für ein wirkliches Verstehen der Neuen Rechten. Unser Streitgespräch zeigt, dass sie nicht aus der Dunkelkammer der Vergangenheit stammt, sondern intellektuell ein Kind ihrer Zeit war und bis heute ist. Während die alte, hitleristische Rechte zumindest auf ideologischer Ebene als antiaufklärerisches Projekt verstanden werden muss und sich Nationalsozialismus und Moderne als Boxer gegenüber standen, nutzt die neue, postmoderne Rechte wie ein guter Judoka die Bewegungen ihres Gegners zu ihren eigenen Gunsten. Selbst also, wenn man an philosophischen Fragen eigentlich uninteressiert ist, mahnt zumindest die politische Klugheit dazu, seinen Gegner stets genau zu analysieren und die richtige Kampftechnik zu wählen. Anders wird er nicht zu besiegen sein.

Um den gravierenden Bruch, der sich zwischen Alter und Neuer Rechter im 20. Jahrhundert vollzogen hat und um das Gespräch zwischen Eichberg und mir besser zu verstehen, seien daher folgende einführende Anmerkungen gemacht:

Die Alte Rechte, an ihrer Spitze der Nationalsozialismus, richtete ihren Kampf gegen die Ideale der Französischen Revolution: gegen Freiheit, Gleichheit und Brüderlichkeit, gegen den Vorrang der Vernunft vor Traditionen und gegen die Menschenrechte als eine die gesamte Menschheit verbindende moralische Grundlage. Gegen diese aufklärerische Moderne setzte die hitleristische Rechte den totalitären Führerstaat, biologisch begründete Werthierarchien zwischen Menschen, den Kampf der Völker um Lebensraum, den unbedingten Vorrang eines fanatischen Lebenswillens sowie das Recht des Stärkeren. Nach dem Zweiten Weltkrieg und mit der pauschalen Diskreditierung „rechten" Denkens in der Öffentlichkeit wurde der „Antifaschismus" zu einer billigen Fingerübung – und ist es bis heute. Es genügte und genügt schlicht, dem missliebigen Gegner das Hitler-Etikett anzukleben, um sich seiner und seiner Argumente zu entledigen. Dieser symbolische Akt der Markierung reicht hin, um den Gegner als Aussätzigen zu diffamieren.

Allerdings arbeitet die Aufklärung unter dem Titel „Postmoderne" seit nunmehr Jahrzehnten an ihrer Selbstzerstörung. Während die Idee der Moderne gerade darin besteht, dass objektive Wahrheit möglich ist und sich alle

Menschen an der Suche nach dieser gleichberechtigt beteiligen können, bestreiten die Vertreter der Postmoderne selbst die bloße Möglichkeit, sinnvoll Wahrheitsansprüche formulieren zu können. Sie zählen sich dabei aber keinesfalls zu den Gegnern, sondern vielmehr zu den legitimen Erben der Moderne. Der Grund für diese paradoxe Wende in der Geistesgeschichte besteht dabei in der Verschränkung verschiedener Strömungen der Gegenwartsphilosophie des 20. Jahrhunderts: des Positivismus des „Wiener Kreises", der sprachanalytischen Philosophie und des Kulturalismus.

Der Wiener Kreis wurde Anfang des 20. Jahrhunderts vom Philosophen Moritz Schlick (1882-1936) begründet. Sein Programm des Positivismus oder *logischen Empirismus* ist schnell erklärt. Demnach gäbe es in der Welt des Denkens nur zwei Dinge: die Regeln der Logik und Erfahrungstatsachen. Alle Rätsel von mehr als 2.500 Jahren Philosophiegeschichte sollten sich auf diese Weise von selbst in Luft auflösen: „Was ist Gerechtigkeit?", „Was ist Wahrheit?", „Was ist der Mensch?" – alles bloß sinnlose Sprachgebilde. Der Philosophie kommt gemäß dieser Denkrichtung daher nur noch eine Funktion zu: unsere Sprache logisch so zu ordnen, dass sich die bisherigen Rätsel der Philosophie in „Scheinprobleme" auflösen. Da sie in dieser Funktion selbst keine Erkenntnisse über die Welt mehr liefern könne, ist sie für Schlick fortan auch „keine Wissenschaft"[2] mehr.

Aus diesem Ansatz heraus sollte sich dann in der Mitte des 20. Jahrhunderts die *(sprach)analytische Philosophie* entwickeln. Einer ihrer wichtigsten Vertreter, Ludwig

2) Schlick, Moritz (1975): Die Wende der Philosophie, in: Schleichert, Hubert (Hrsg.): Logischer Empirismus – der Wiener Kreis, München, S. 12-19, 16.

Wittgenstein (1889-1951), hatte mit seiner Frühschrift „Tractatus logico-philosphicus"[3] (1921) Anfang des 20. Jahrhunderts ganz ähnliche Gedanken zum Verhältnis von Sprache und Philosophie formuliert wie der Wiener Kreis. In seinem Spätwerk „Philosophische Untersuchungen" (1952) nahm er dann einen Perspektivenwechsel vor: Während bis dahin vor allem an einer Präzisierung der Sprache bis hin zu einer logischen Idealsprache gearbeitet wurde, rückte plötzlich die Alltagssprache der Menschen in den Blick. Um zu verstehen, was sprachliche Ausdrücke bedeuten, muss nach Wittgenstein lediglich der tatsächliche Gebrauch der Sprache untersucht werden. Erst durch ihren konkreten Gebrauch würden die Bedeutungen festgelegt. Diesen Gebrauch der Sprache durch die Menschen bezeichnet er als „Sprachspiel".[4] Wie aber lernen die Menschen die Regeln eines Sprachspiels? Wittgenstein hat eine eindeutige Antwort: durch bloße „Abrichtung".[5] Wenn Kinder zur Welt kommen, werden sie anschließend durch Erziehung so sozialisiert bzw. abgerichtet, dass sie die Regeln dieses Spiels durch Gebrauch unreflektiert verinnerlichen.

Eichberg setzte sich im Anschluss an seine Lektüre der Schriften des Wiener Kreises vor allem mit dem frühen Wittgenstein auseinander. Allerdings lagen die Ideen der Relativität der Sprachsysteme des späten Wittgenstein sozusagen ohnehin in der Luft und hielten auf anderem Wege Einzug in sein Denken. So veröffentlichte der Lin-

3) Wittgenstein, Ludwig (1984): Tractatus logico-philosophicus: Logisch-philosophische Abhandlung, in: Werkausgabe Band 1, Frankfurt am Main. S. 7-85.

4) Ders. ebd.: Philosophische Untersuchungen, in: Werkausgabe Band 1, Frankfurt am Main. S. 225-580, 241.

5) Ebd., S. 240.

guist Benjamin Lee Whorf (1897-1941) in den 1950er Jahren sein „linguistisches Relativitätsprinzip",[6] demgemäß die Gedanken der Menschen und die Art ihrer Welterschließung naturwüchsig durch die Struktur der Grammatik der Muttersprache und damit durch ihren kulturellen Kontext determiniert sein sollen. Auf dieser Basis postulierte er die „Relativität aller begrifflichen Systeme"[7] und kam zu ganz ähnlichen Ergebnissen wie der späte Wittgenstein der relativen Sprachspiele.

Mit diesen mechanistischen Ideen betrat zugleich der *Kulturalismus* die geistesgeschichtliche Bühne. Gemeint ist damit nicht nur, dass die Menschen vor allem als Kulturwesen verstanden werden müssen, sondern dass das kulturelle Umfeld, in dem ein Mensch „abgerichtet" wird, letztlich in gewisser Hinsicht zugleich er selbst ist. Jahrzehnte später wird sich aus dieser Figur die Gender-Theorie entwickeln. Man muss sich dieses Konzept wie einen Computer vorstellen, dessen Betriebssystem auf einem fest verlöteten Chip unveränderlich ist – im Unterschied zu einem Computer mit einer Festplatte, auf der unterschiedliche Betriebssysteme installiert werden können. Ist ein Mensch einmal in eine Kultur eingeführt, hat er einmal den Bedeutungshorizont eines Sprachspiels verinnerlicht, kann er dieses mentale Gefängnis angeblich nicht mehr verlassen. Jeder Versuch, aus diesem Gefängnis durch Aneignung einer anderen Kultur auszubrechen, könnte ja immer nur im Rahmen des bereits erlernten Sprachspiels, des fest installierten Betriebssystems erfolgen. Folglich lässt sich im kulturalistischen Modell nie-

6) Whorf, Benjamin Lee (1984): Sprache – Denken – Wirklichkeit. Beiträge zur Metalinguistik und Sprachphilosophie, Reinbek, S.12ff.

7) Ebd., S. 13.

mals eine fremde Kultur als diese wirklich erfassen und verstehen, sondern immer nur im Rahmen der Bedeutungen des eigenen Sprachspiels. Eine wirkliches Verstehen zwischen Vertretern verschiedener Sprachspiele erweist sich somit als unmöglich, der Versuch, den Fremden zu verstehen, erscheint als ein bloßer Akt der Selbstauslegung.

Die Konsequenzen der Verschränkung von logischem Empirismus, sprachanalytischer Philosophie und Kulturalismus sind dabei verheerend. Mit ihr stirbt ein Konzept, das seit Jahrtausenden die Menschen beflügelt hat, nämlich die Suche nach der Wahrheit. Wenn die Bedeutungen von sprachlichen Ausdrücken nur in ihrer Verwendung innerhalb einer Sprachspiel-Gemeinschaft einen Sinn haben, muss man den Begriff der objektiven Wahrheit zu Grabe tragen. Wahrheit wäre ja eigentlich ein Geltungsanspruch, der für alle menschlichen „Sprachspiele" gleichermaßen erhoben würde und sie gleichermaßen überformte. Sie wäre das Dach, unter dem sich alle Menschen versammeln könnten. Um nichts anderes ging es dem wohl wichtigsten Philosophen der Aufklärung, Immanuel Kant (1724-1804).

An die Stelle des Wahrheitsanspruches der Moderne tritt nunmehr der Relativismus. Mit ihm wird schlicht bestritten, dass es Wahrheit überhaupt geben könne, jeder Mensch, jede Kultur hätte eben jeweils eine je eigene „Wahrheit". Im Jahr 1979 wird der französische Philosoph Jean-François Lyotard (1924-1998) in „Das postmoderne Wissen"[8] genau diese These in aller Deutlichkeit in den Raum stellen und damit die „Postmoderne" aus der Taufe heben. Und nur wenig später zieht Lyotard

8) Lyotard, Jean-François (1999): Das postmoderne Wissen, Wien.

– von links – die einzig logische Schlussfolgerung: Wenn
es keine Wahrheit gibt und Menschen nur in ihren kulturellen Milieus „abgerichtet" werden, erweisen sich die
Menschenrechte als eine Illusion,[9] als eine vom Westen
erfundene Ideologie mit Absolutheitsanspruch, die wie
jede große Erzählung ebenso zum Zwecke der „Unterdrü-
ckung"[10] anderer eingesetzt werden kann.

Eine direkte Auseinandersetzung mit den Werken
Lyotards, dem Begründer und wichtigsten Vertreter der
postmodernen Philosophie, scheint es bei Eichberg allerdings nicht gegeben zu haben. Auch hier saugt er die Gedanken der Postmoderne als Zeitgeist-Phänomen auf andere Weise auf, nämlich über das Hauptwerk „Die Ordnung der Dinge"[11] (1966) des französischen Philosophen
Michel Foucault (1926-1984). In dem überaus umständ-
lich geschriebenen Werk geht Foucault der Frage nach,
wie wir eigentlich dazu kommen, Unterschiede und Ähn-
lichkeiten in der Welt festzuhalten, also die „Ordnung
der Dinge" herzustellen. Was also veranlasst uns zum Beispiel dazu, zwischen einem Hund und einer Katze größere Unterschiede festzustellen als zwischen zwei Hunden?
Nach Foucault wurzeln die Unterschiede und Gemein-
samkeiten nicht in den Tieren selbst, sondern sind lediglich unsere kulturellen Konstruktionen. Das menschliche
Subjekt erscheint in diesem Prozess nicht als autonom,
sondern als durch seine Sozialisation überwältigt. Oder in
der komplizierten Sprache Foucaults: „Die fundamenta-
len Codes einer Kultur, die ihre Sprache, ihre Wahrneh-
mungsschemata, ihren Austausch, ihre Techniken, ihre

9) Ders. (1989): Der Widerstreit, München, S. 242.

10) Ders. (1998): Postmoderne Moralitäten, Wien, S. 110.

11) Foucault, Michel (1974): Die Ordnung der Dinge, Frankfurt am Main.

Werte, die Hierarchie ihrer Praktiken beherrschen, fixieren gleich zu Anfang für jeden Menschen die empirischen Ordnungen, mit denen er zu tun haben und in denen er sich wiederfinden wird."[12] Die theoretischen wie politischen Konsequenzen sind dieselben, wie wir sie bereits bei Lyotard beobachten konnten: Wenn unsere Sätze über die Welt nur unsere unbewusst reproduzierten kulturspezifischen Vor-Urteile sind, macht die Rede von „wahr" und „falsch" keinen Sinn mehr. Es gibt angeblich nichts objektives Drittes, das als Prüfstein eines Wahrheitsanspruches gelten könnte. Die Menschenrechte erweisen sich folglich nicht (auch) als Wahrheitsansprüche, sondern als bloße Machtfragen.

Was das nun alles mit Henning Eichberg und der Neuen Rechten zu tun hat? Sehr viel. Wenn man nach der Kernsubstanz neurechten Denkens fragt, wird man unweigerlich auf das Konzept des *Ethnopluralismus* stoßen. Es ist daher alles andere als ein Zufall, wenn Ernst Nolte mit Blick auf das Wirken Alain de Benoists, den französischen Henning Eichberg, zu einem ganz ähnlichen Urteil kommt: „Wenn man sein überaus umfangreiches und vielfältiges Werk auf einen einfachen Begriff bringen kann, so ist es derjenige des 'Ethnopluralismus', d. h. die Auffassung, daß 'Völker', Ethnien, Nationen, aber auch Kulturen fundamentale Realitäten des geschichtlichen Daseins darstellen und durch eine Selbstachtung charakterisiert sein sollten, welche die Achtung vor den anderen Völkern und Kulturen einschließt."[13] Eichberg gilt in der Neuen Rechten dabei sogar als ei-

---

12) Ebd., S. 22.

13) Nolte, Ernst: Vorwort, in: de Benoist, Alain (2001): Totalitarismus. Kommunismus und Nationalsozialismus - die andere Moderne, Berlin, S. 7.

gentlicher Namensgeber dieser modernisierten Variante rechten Denkens.[14] Die Idee, dass sich die Welt möglichst im Rahmen einer „Vielfalt der Völker" aufgliedern sollte, nimmt dabei gegenüber der alten, hitleristischen Rechten zwei entscheidende ideologische Korrekturen vor:

1. Das Volk wird nicht mehr biologisch, sondern kulturell verstanden. Volk – das sind nicht die blutsmäßig miteinander verbundenen Menschen, sondern Angehörige derselben Kulturgemeinschaft, desselben Sprachspiels. Und da die Sprachspiele nicht ineinander übersetzbar sind, weil es erkenntnistheoretisch keine für alle gültige Allgemein-Sprache gibt, in der sie sich verständigen könnten, können die so definierten Völker nur friedlich koexistieren, wenn sie sich möglichst nicht begegnen.

2. Während der Nationalsozialismus alle Völker auf Basis ihrer rassischen Voraussetzungen in Wertehierarchien einspannte, fehlt dem Ethnopluralismus aufgrund eines nicht existierenden, übergeordneten Maßstabs hierfür jedwede Rechtfertigung. Folglich bleibt ihm nichts anderes übrig als mit einzustimmen in den Chor des Relativismus und Wertungen oder gar Hierarchien zwischen Völkern bzw. ihren Kulturgemeinschaften strikt abzulehnen. Mit dem Ethnopluralismus geht es nicht mehr wie noch beim Imperialismus um die Eroberung der Welt, sondern um das Fernhalten des Fremden vom Eigenen.

14) Lichtmesz, Martin (2020): Ethnopluralismus. Kritik und Verteidigung, Schnellroda, S. 269.

Die Neue Rechte pflanzt sich damit die wichtigsten Bestandteile der Postmoderne, nämlich den Kulturalismus und den Relativismus, mitten in ihr eigenes Herz. Sie ist nicht nur beiläufig vom Postmodernismus infiziert, sondern wie der Multikulturalismus und die Gender-Theorie ein vollwertiges – wenn auch verschmähtes – Familienmitglied.

Vielleicht wird nun deutlicher, was ich damit meine, dass die Neue Rechte wie ein guter Judoka agiert. Sie greift die Geistesgeschichte der Postmoderne auf und verwandelt diesen Impuls in einen Schlag gegen den Gegner. Und dies alles und die daraus resultierenden politischen Probleme einer Wesensverwandtschaft von Ethnopluralismus und Multikulturalismus können nicht verstanden werden, ohne die Geistesgeschichte des 20. Jahrhunderts sowie die Auseinandersetzung führender Intellektueller der Neuen Rechten mit dieser nachzuvollziehen.

Allerdings sind die Verhältnisse noch etwas komplizierter. Wie dem Gespräch mit Eichberg in diesem Buch zu entnehmen ist, begreift er sich in seiner zweiten Lebenshälfte intellektuell und politisch zwar nicht mehr als Rechter, sondern als Linker und dokumentiert dies auch durch den Eintritt in die „Sozialistische Volkspartei" Dänemarks. Allerdings hält ihn dies nicht davon ab, sich weiterhin zum Ethnopluralismus zu bekennen. Im Gegenteil, er geht noch einen Schritt weiter und behauptet sogar, dass nur ein *Ethnopluralismus von links* echter Ethnopluralismus sein könne. Es verwundert daher auch nicht, dass Eichberg bis zu seinem Lebensende zumindest in Deutschland die Unterstellung nicht los wurde, er sei trotz aller Beteuerungen auch in jüngster Vergangenheit lediglich ein als Linker verkleideter Rechter.

Aber ganz so einfach ist die Sache nicht, denn der Grund für die Konfusion wurzelt in der schlichten Tatsache, dass Eichberg auch am Ende seines Lebens sowohl am Relativismus als auch Kulturalismus festhielt. Bis zum Schluss steckte er im geistigen Sumpf der Postmoderne fest: Auch in unserem Gespräch verstand er die zahlreichen theoretischen Widersprüche, in die er sich verwickelte, nicht als Grund zur Beunruhigung, sondern Bestätigung seiner postmodernen Weltanschauung oder nahm durch faktischen Abbruch der Debatte Reißaus. Die Tatsache also, dass er kaum klar als Rechter oder Linker einzuordnen ist, liegt in Wahrheit in der ideologischen Schnittmenge zwischen postmodernem Multikulturalismus und postmodernem Ethnopluralismus begründet. Seine postmodernen Kritiker von links erblicken in ihm nur ihr eigenes Spiegelbild. Es handelt sich um einen klassischen Fall „mimetischer Rivalität"[15], also der konflikthaften nachahmenden Anverwandlung zweier Gegner.

Mit der Implosion der NPD scheint der ethnopluralistische Diskurs in Deutschland vorerst unterbrochen. Während in identitären Kreisen weiterhin munter das Konzept des Ethnopluralismus diskutiert und tradiert wird, scheint sich die AfD damit schwer zu tun. Man möge sich hier aber nicht täuschen: Die AfD ist keine historisch gewachsene, ideologisch gefestigte Programmpartei, sondern ein Sammelbecken unzufriedener Konservativer, politischer Protestler sowie von Vertretern der Neuen Rechten bis hin zu rechtsextremen Kreisen. Es kann daher nicht überraschen, dass man bei der AfD den Eth-

15) Girard, René (1983): Das Ende der Gewalt, Freiburg.

nopluralismus wortwörtlich – noch – wie die Nadel im Heuhaufen suchen muss. Aber man findet ihn.

In ihrem Parteiprogramm beispielsweise bekennt sie sich zu einem „Europa der Vaterländer"[16]. Das ist eine Parole, die schon in den 1990er Jahren auf NPD-Demonstrationen zu finden war. Gemeint jedoch ist damit nichts anderes als eine „Vielfalt der Völker" in Europa, also ein europäischer Ethnopluralismus. Der AfD-Landtagsabgeordnete Hans-Thomas Tillschneider lässt daran auch keinen Zweifel: „'Ethnopluralismus' bezeichnet den Umstand, daß die Menschheit in Völker gegliedert ist, und verbindet damit die Wertung, daß diese Völker mit ihrer je eigenen Kultur erhaltenswert sind – eine in höchstem Maß vernünftige, wirklichkeitsbezogene Ansicht. Nichts anderes ist auch das Leitmotiv des AfD-Programms. Von der Kritik an der EU und der Forderung nach einem Europa der Vaterländer über unsere restriktive Migrationspolitik bis hin zur Kritik an der Islamisierung setzen wir uns auf allen Gebieten dafür ein, die ethnokulturelle Einheit, die sich deutsches Volk nennt, zu erhalten."[17] Auch der Verfassungsschutz ist auf diese Parallelen längst aufmerksam geworden und begründet unter anderem damit, warum es innerhalb der AfD – zumindest in Teilen wie dem ehemaligen „Flügel" rund um den Landtagsabgeordneten Björn Höcke – rechtsextremistische Tendenzen gebe.[18] Betroffen ist von vergleich-

---

16) AfD-Grundsatzprogramm (2016), Quelle: https://www.afd.de/wp-content/uploads/sites/111/2018/01/Programm_AfD_Druck_Online_190118.pdf, S. 32; zuletzt aufgerufen am 6. Mai 2020.

17) Tillschneider, Hans-Thomas (2020): Die Kernfrage, Quelle: https://hans-thomas-tillschneider.de/die-kernfrage/; zuletzt aufgerufen am 6. Mai 2020.

18) Siehe https://netzpolitik.org/2019/wir-veroeffentlichen-das-verfassungsschutz-gutachten-zur-afd/, zuletzt aufgerufen am 22. März 2022.

baren Vorwürfen zudem das „Institut für Staatspolitik" rund um den neurechten Publizisten und Verleger Götz Kubitschek, das enge Kontakte zu den besonders rechten Kreisen der AfD unterhält.[19] Auch hier werden vom Verfassungsschutz insbesondere aus einem Bekenntnis zum Konzept einer „Vielfalt der Völker" (Ethnopluralismus) verfassungsfeindliche Bestrebungen abgeleitet.[20]

Die Debatte um den Ethnopluralismus erweist sich daher nicht als intellektuelle Spielerei, sondern berührt vielmehr des Verständnis des demokratischen Rechtsstaates in elementarer und vor allem politisch höchst aktueller Weise. Dass es dabei nicht damit getan ist, entsprechende Ansätze einfach in denunziatorischer Absicht pauschal als „neuen Rechtsextremismus" abzutun, zeigt das Beispiel Henning Eichbergs. An der Postmoderne und ihren Kollateralschäden werden wir wohl alle noch eine Weile zu knabbern haben.

Mathias Brodkorb, Schwerin im März 2022

19) Das „Institut für Staatspolitik" wurde im Jahr 2000 von Götz Kubitschek und Dr. Karlheinz Weißmann als neu-rechter Think-Tank im sachsen-anhaltischen Schnellroda gegründet und operiert heute im Umfeld der AfD, insbesondere ihres rechten Flügels.

20) Bundesministerium des Inneren (2021): Verfassungsschutzbericht 2020, Köln, S. 85; Quelle: https://www.bmi.bund.de/SharedDocs/downloads/DE/publikationen/themen/sicherheit/vsb-2020-gesamt.pdf?__blob=publicationFile&v=6, zuletzt aufgerufen am 22. März 2022.

Ethnopluralismus von links

*Biographische und philosophische Fragen
an Henning Eichberg*

Brodkorb: Wie wurden Sie eigentlich rechts?

Eichberg: Als ich mich 1961, als Schüler, bei der „Nation Europa"[1] engagierte – das war im Nachkriegsdeutschland die wohl wichtigste rechtsradikale Zeitschrift –, da hatte das eine Vorgeschichte. Ich lief damals in Hamburg herum und suchte irgendetwas. Ich deute dieses Suchen heute als einen Ausdruck von Entfremdung. Ich bin nämlich Schlesier, also Ostdeutscher, und das ist eine wichtige Identitätssache bei mir. Wenn man mich heute in Dänemark fragt, ob ich Deutscher oder Däne sei, dann sage ich gern: Ich bin Schlesier. Aber ich bin nicht in Schlesien aufgewachsen, sondern nach der Flucht von 1945 bis 1949/50 in Sachsen. Ich war mit dabei, als die DDR gegründet wurde. Dann ging meine Familie nach dem Westen. Diese Wechsel zwischen den Deutschländern haben Entfremdungserscheinungen bei mir ausgelöst, so deute ich das heute. Ich wollte immer im Westen ankommen und bin doch nie richtig angekommen, was ich aber erst gemerkt habe, als die Mauer fiel. Erst als die Mauer fiel, habe ich mein coming-out gehabt als Ossi. Bis dahin

1) Die Monatszeitschrift „Nation Europa" wurde im Jahr 1951 teils von ehemaligen Anhängern des Nationalsozialismus gegründet und knüpfte anfangs an die Ideen des britischen Europa-Nationalisten Oswald Mosley (1896-1980) an. Ihre letzte Ausgabe erschien im Jahr 2009. Sie bot verschiedenen rechtsextremen, rechtspopulistischen wie neu-rechten Autoren eine Plattform und zählte lange Jahre zu den wichtigsten rechten Publikationsorganen in Deutschland.

wollte ich gern gesamtdeutsch sein, deutsch, richtig deutsch.

Die Frage war nun: Wer konnte mir mit meinen 14 oder 15 Jahren in dieser Entfremdungssituation politisch etwas bieten? Die Parteien der Mitte, also CDU, SPD und FDP, habe ich damals auch aufgesucht, aber sie konnten mich nicht fesseln. Die KPD war verboten, aber es gab den KP-nahen neutralistischen „Bund der Deutschen" (BdD).[2] Die waren ganz interessant – „Deutsche an einen Tisch!" – und machten sehr auf national, aber das war am Ende nichts für mich, für den jungen Antikommunisten.

Dann bin ich – im Gegensatz zu dem, was manchmal über mich immer geschrieben wird – nicht bei den Strasser-Leuten von der „Deutsch-Sozialen Union" (DSU) gelandet.[3] Otto Strasser gehörte ja innerhalb der NSDAP zur linken Opposition, verließ die Partei noch vor der Machtergreifung und ging dann ins Exil. 1955 kam er nach Deutschland zurück und gründete kurz darauf die DSU. Ich habe einmal, glaube ich, oder zweimal jemanden von der Strasser-Partei in Hamburg getroffen und be-

2) Die Partei „Bund der Deutschen – Partei für Einheit, Frieden und Freiheit" wurde im Jahr 1953 gegründet und vertrat gegenüber den Großmächten einen neutralistischen Kurs. Die Partei stand unter kommunistischem Einfluss und wandte sich gegen die Westbindung der BRD.

3) Die „Deutsche Sozial Union" (DSU) wurde im Jahr 1956 unter der Führung Otto Strassers gegründet und bestand bis zum Jahr 1962 fort. Otto Strasser (1897-1974), einstmals Sozialdemokrat, wechselte im Jahr 1925 zu den Nationalsozialisten. Er gilt als führender intellektueller Kopf der so genannten „Schwarzen Front" innerhalb der NSDAP. Bereits im Jahr 1930 trat er mit einigen seiner Anhänger wieder aus der NSDAP aus, weil er den hitleristischen Imperialismus als zutiefst anti-nationalistisch empfand. Er ging später ins Exil und gilt als Vorläufer des Ethnopluralismus und damit der „Neuen Rechten" in Deutschland.

kam deren Zeitschrift „Deutsche Freiheit",[4] die ich mit Interesse gelesen habe. Ich wurde aber kein Mitglied und habe auch nie eine ihrer Parteiveranstaltungen besucht. Die DSU passte mir nämlich wegen meiner antikommunistischen Grundhaltung nicht. Mit meinem Hintergrund der Vertreibung aus Schlesien und der DDR-Flucht stand da mein Antikommunismus im Wege. Diese Neutralisten waren mir verdächtig – und heute finde ich sie rückblickend doch ganz interessant.

4) Die „Deutsche Freiheit" war von 1956 bis 1960 die parteieigene Zeitung der DSU.

Wege auf der Rechten – Europa und der Nazismus

Brodkorb: Strasser wurde später wieder interessant für Sie?

Eichberg: Ja, der hatte etwas Interessantes. Wenn wir heute zurückblicken auf die fünfziger Jahre mit der Frage, was da eigentlich interessant war auf der Rechten, dann war das vor allem Strasser. Aber zunächst war mir diese Szene verdächtig wegen meines Antikommunismus.

Brodkorb: Und dann gingen Sie in die CDU?

Eichberg: Nein, dann geriet ich erst einmal an ganz, ganz rechte Kreise. Das waren wilde „Antibolschewisten",[5] gleichzeitig aber auch Leute mit einer Europa-Idee. Die hießen „Deutscher Block" oder auch „Meißner-Bewegung"[6] und konkurrierten mit der „Deutschen Reichspartei".[7] Die Leute vom „Deutschen Block" inszenierten sich ziemlich nazistisch, mit Fahnen, Trommeln und Fanfaren. Und „für Volksstaat und Volkssozialismus!" und „Kampf dem System!" Das fand ich schockierend und zu-

5) Als „Bolschewismus" wird die vom Kommunisten Wladimir Iljitsch Lenin (1870-1924) geprägte russische Version des Marxismus in der ersten Hälfte des 20. Jahrhunderts bezeichnet.

6) Der „Deutsche Block" (DB) wurde im Jahr 1947 unter der Führung von Karl Meißner gegründet und löste sich in den 1970er Jahren wieder auf. Die antibolschewistische Partei hatte ihren Schwerpunkt in Bayern und gehörte dort anfangs dem Landtag an.

7) Die „Deutsche Reichspartei" (DRP), nicht zu verwechseln mit der „Sozialistischen Reichspartei" (SRP), bestand zwischen 1950 und 1965 und war zwischenzeitlich in den Landtagen von Bremen, Niedersachsen und Rheinland-Pfalz vertreten.

gleich doch interessant und radikal – und wegen dieser Europa-Idee auch bedenkenswert.

Brodkorb: Wann war das ungefähr?

Eichberg: Das muss um 1958 herum gewesen sein. Dort habe ich auch zuerst die Zeitschrift „Nation Europa" gesehen und bin dann an deren Herausgeber, Arthur Ehrhardt, geraten. Ehrhardt war früher bei der Waffen-SS. Der Name seiner 1950 gegründeten Zeitschrift ging auf den britischen Faschisten Oswald Mosley[8] und sein Konzept „Europe - a Nation" zurück. Ehrhardt hatte zu ihm intensiven Kontakt.

In der unmittelbaren Nachkriegszeit gab es vor allem zwei relevante Europabilder und beide waren rechts. Das eine war katholisch und konservativ, mit klerikal-faschistischen Untertönen. Das andere war neofaschistisch und in dessen Umkreis befand ich mich, sobald ich als Schüler an die „Nation Europa" geriet. Das Europabild war damals auch in eine geopolitische Machtpolitik zwischen Ost und West, zwischen Moskau und Washington eingebettet, es ging um eine dritte Macht. Europa war hier letztlich eine rassisch definierte Einheit, die „weiße Kultur" oder die „weiße Rasse".

Brodkorb: War diese Rechte neo-nationalsozialistisch?

8) Oswald Mosley grenzte sich entgegen der Einordnung Eichbergs vom historischen Faschismus ab: „Der Faschismus ist eine Erscheinung des nationalistischen Zeitalters, an dessen Grundirrtum seine besten Absichten und Werke schliesslich scheitern mussten." Stattdessen plädierte er für ein „Vaterland Europa" von rechts. Siehe Mosley, Oswald (1950): Die europäische Revolution, London, S. ix oder ders. (1947): The Alternative, Ramsbury.. Die Gründung von „Nation Europa" datiert allerdings auf 1951.

Eichberg: Neonazismus im heutigen Sinne gab es damals eigentlich nicht. Die wirklichen Neonazis sind mir zum ersten Mal über den Weg gelaufen – nicht mal über den Weg gelaufen, sondern sozusagen am Horizont vorbeigelaufen – in der Zeit der „Aktion Neue Rechte" (ANR), also Anfang der 1970er Jahre.[9]

Brodkorb: Auf den „Deutschen Block" trifft das auch zu?

Eichberg: Nein, das war etwas anderes, eine andere Generation, eher alte Nazis. Dessen Nazicharakter habe ich damals jedoch nicht richtig wahrnehmen wollen. Der „Deutsche Block" versuchte tatsächlich eine Propaganda im Goebbels-Stil zu reproduzieren. Das hat mich als Jugendlicher angesprochen, aber ich habe das nicht als nazistisch ernstgenommen. Das, was substantiell daran war, war die Systemopposition und die Europaorientierung. Der „Deutsche Block" hatte in Hamburg einen ganz beweglichen Landesvorsitzenden, der hieß Henry Glabbatz.[10] Man findet jetzt übrigens wieder im Netz einen alten „ZEIT"-Artikel über eine Veranstaltung von ihm, und bei einer anderen war ich 1958 auch dabei. Glabbatz war jünger und ganz nachdenklich und auch einer der

9) Diese Bemerkung Eichbergs ist deshalb besonders bemerkenswert, weil die Ausgründung der „Aktion Neue Rechte" (ANR) im Jahre 1972 aus der NPD unter der Führung des ehemaligen NPD-Landesvorsitzenden von Bayern, Siegfried Pöhlmann, der in diesem Gespräch noch eine wichtige Rolle spielen wird, eigentlich der Gründungsakt der deutschen Neuen Rechten, also antihitleristischen Rechten, darstellt.

10) Henry Glabbatz, der Hamburger Landesvorsitzende der Splitterorganisation „Europäische Föderalistische Partei Deutschlands" (EFP), verfolgte seinerzeit das Ziel, durch eine europäische Einigung die politischen Voraussetzungen für die deutsche Wiedervereinigung herzustellen (siehe auch https://www.zeit.de/1964/48/sternengucker-der-efp, zuletzt aufgerufen am 8. Mai 2020). Der deutsche Ableger der EFP wurde im Jahr 1964 gegründet und stellte seine Arbeit im Jahr 1994 ein.

Leute auf der Rechten, die mit Jugendlichen ins Gespräch kommen konnten. Das hat damals viel bedeutet für mich. Ich saß bei ihm in der Küche und wir unterhielten uns. Er war auch kritisch gegenüber seinen eigenen Leuten – den „alten Nazis" – und ging später zu den Europäischen Föderalisten. Bei ihm lagen auch Zeitschriften, darunter die „Nation Europa", und dann erklärte er mir diese Sachen.

Im „Deutschen Block" waren die einzigen Nazis, die mir in der damaligen Phase begegnet sind. Erst Anfang der 1970er Jahre, so um 1972, tauchten in einer neuen jungen Generation Nazis auf, wie es sie bis dahin nicht gegeben hatte – mit Hitlerei und Judenfeindschaft. Ich erinnere mich noch ganz genau an eine Ausnahme in der Zeit dazwischen: Wir hatten mal um 1968 herum in unserer „Basisgruppe Neuer Nationalismus", wie wir es damals an der Bochumer Universität nannten, einen Österreicher dabei, der machte immer wieder antisemitische Bemerkungen. Den haben wir rausgedrängt, das fanden wir widerlich und deplatziert. Bei Österreichern findet man das manchmal, das ist nicht unbedingt ein ausgeprägter Nazismus, aber doch Antisemitismus. Der stieß uns ab. Antisemitismus habe ich ansonsten in dieser Szene nicht bemerkt. Wenn ich heute die alten Ausgaben von „Nation Europa" lesen würde, würde es mir wahrscheinlich sehr viel mehr auffallen, dass da unterschwellig etwas war, zwischen den Zeilen. Aber damals war mir das nicht wahrnehmbar. Meine politischen Themen waren eher der Antikommunismus und Europa, auf diese Kombination fuhr ich ab.

Von französischen Nationalisten gelernt

Brodkorb: Wie kam es dazu, dass Sie für „Nation Europa" zu schreiben begannen?

Eichberg: Ich habe der „Nation Europa" als Schüler damals ein Gedicht zugeschickt. (Zu diesem Zeitpunkt kannte ich Ehrhardt noch nicht persönlich, aber irgendwann bin ich ihm auch begegnet. Das war damals in Hamburg.) Und er hat es sofort veröffentlicht. Er schaute nach jungen Leuten aus, die Talent hatten. Er kam selbst aus der Jugendbewegung, diese Zusammenhänge habe ich erst später verstanden. Die Jugendbewegung hat eine wichtige Rolle gespielt in seiner Haltung zu politischen Problemen. Erhardt hat sich sofort meiner angenommen und ist mir eine Art Vatergestalt geworden. Er hat mich über Jahre dazu angehalten, mich mit bestimmten Themen zu beschäftigen. Und dann schickte er mich 1966 in ein Studentenlager in die Provence. Das war für mich faszinierend, denn ich kam aus der alten deutschen Rechten mit ihrem defensiven und gekränkten Nationalismus, trotz „Nation Europa" und Arthur Ehrhardt, und bei den Franzosen war das nun etwas ganz anderes.

Es war für mich die große Überraschung, dass man da auch ganz anders rangehen konnte. In Deutschland spielte immer die Vergangenheitsbewältigung eine ganz ganz große Rolle. D. h. sich irgendwie zwar zu distanzieren vom Dritten Reich, aber gleichzeitig auch zu sagen: „So schlimm war das auch wieder nicht, und die anderen haben doch auch ..." Man war völlig fixiert darauf. Und nun kommt man nach Frankreich und die haben eine faschistische Tradition, in der es nur so von Hochintellektuellen und Literaten wimmelt – Céline, Drieu la Rochelle, Brasillach usw.[11] Das war für mich faszinierend. Und gleichzeitig schlugen sie die Brücke zur Linken.

Brodkorb: Die Alte Rechte wäre für Sie also nicht zwingend eine anti-nationalsozialistische, sondern eine auf den Nationalsozialismus manisch bezogene Rechte – ob nun ablehnend oder zustimmend. Und die Neue Rechte wäre eher jene, die das Bündnis mit den Sozialisten sucht. Habe ich das richtig verstanden?

Eichberg: Vorsicht, mit dieser Frage sind wir im Reich der Ideen. Hier können die Marx'schen Begriffe Basis und Überbau hilfreich sein. Nur dass die Basis nach meinem Verständnis – anders als beim späteren Marx und im klassischen Marxismus – nicht die Produktion ist, sondern die Praxis, der praktische Habitus; und der Überbau, das sind die Ideen, die wir uns dazu machen. Das Problem ist, dass wir uns immer allzu schnell auf die Ideen fixieren. Wenn wir davon wegkommen, dann ist das Thema der Vergangenheitsbewältigung nicht mehr so bedeutend. Das gilt auch selbstkritisch für mich. Damals in den 1950er Jahren waren wir ganz furchtbar darauf bedacht, uns mit der Hitler-Vergangenheit auseinanderzusetzen und haben automatisch eine Verteidigungshaltung eingenommen. Wir waren davon regelrecht besessen. Aber was bedeutet das eigentlich für das Leben, für die Praxis von Menschen? Ist das eigentlich genug, um eine politische Richtung zu charakterisieren? Nein, das ist

11) Louis Ferdinand Céline (1894-1961) war französischer Arzt und Autor, Antisemit und Kollaborateur; Pierre Drieu La Rochelle (1893-1945) französischer Schriftsteller und Intellektueller, Faschist und Kollaborateur; Robert Brasillach (1909-1945) französischer Schriftsteller, Filmkritiker, Faschist und Kollaborateur.

bloß ein Überbau, eine pseudo-intellektuelle ideologische Angelegenheit. Die Praxisbasis der Alten Rechten, der Kern, war bürgerlich-antikommunistisch. Für eine gewisse Avantgarde, die die Vorstellung teilte, dass die Nation nicht ausreiche, kam die Öffnung nach Europa hinzu, dieses faschistische Europakonzept, worin auch der Reichsbegriff aufgehoben war.

Brodkorb: Der Unterschied zwischen Alter und Neuer Rechter wäre dann also kein programmatisch-ideologischer, sondern ein habitueller?

Eichberg: Ja, das würde ich sagen, in erster Linie habituell. Die Kritik an der Überschätzung der Ideen ist auch etwas, was ich zum Buch von Thoralf Staud kritisch anmerken würde – zu seinem Buch über die NPD, das ich ansonsten sehr gelungen finde.[12] Ich sagte: „Du bewertest zu hoch, was die Leute ideologisch daherreden bei der NPD. Das ist gar nicht so bedeutend, die benutzen alles Mögliche, um sich in Szene zu setzen." Wir müssen eine neue materialistische Analyseweise entwickeln, aber das hat in meinem Verständnis nicht primär mit Produktion und Ökonomie zu tun, sondern mit Praxis. Das ist ein philosophisches Basis-Überbau-Modell. Praxis und Ideen – dieses Verhältnis müssen wir immer wieder neu durchdenken. Aber was ist eigentlich Praxis – im Politischen? Formen der Identität, Formen der Gegnerschaft und des Zusammenhalts, Kommunikationsformen, praktische Bewegung – wesentlich gehört auch die körperliche Inszenierung dazu.

12) Staud, Toralf (2005): Moderne Nazis. Die neuen Rechten und der Aufstieg der NPD. Köln.

Brodkorb: Wer nahm an diesem Lager so alles teil?

Eichberg: Da waren im Grunde alle die Köpfe, die später als „Neue Rechte" berühmt wurden: Alain de Benoist, Jean Mabire, Dominique Venner.[13] Die Leute um die Zeitschrift „Europe-Action".[14] Das Lager war eine Mischung aus Pfadfinderei und, würde ich heute sagen, einem faschistischen Sommerlager, also mit Zelten, Uniform, Khakihemden und mit Fahnenappell, mit Geländemärschen und lauter solchen Sachen. Das fand ich irgendwie toll, das Marschieren durchs Gelände der Provence, vor allem die Lieder. Die Lieder habe ich zum Teil heute noch im Kopf, alles mögliche andere habe ich vergessen. Aber solche Sachen hängen fest. Und das war etwas völlig anderes als das, was damals bei der deutschen Rechten ablief. Die wären nie marschiert, hätten nie Lieder gesungen und von diesem „leuchtend roten Faschismus" geschwärmt. In Frankreich war Drieu la Rochelle präsent mit seiner Vorstellung von der großen leuchtenden Alternative, einem faschistischen Europa.

Brodkorb: Wie lange dauerte dieses Lager?

Eichberg: Das war vielleicht eine Woche oder so.

Brodkorb: Und das hat bei Ihnen vor allem emotional und habituell eine Veränderung ausgelöst?

13) Alain de Benoist (geb. 1943) ist bis heute der führende Intellektuelle der Neuen Rechten in Frankreich; Jean Mabire (1927-2006): einflussreicher neurechter französischer Intellektueller; Dominique Venner (1935-2013): neurechter französischer Intellektueller und Publizist, der in Notre Dame Selbstmord beging. De Benoist und Mabire gehör(t)en zum neu-rechten Think-Tank „GRECE" (Groupement de recherche et d`études pour la civilisation européenne).

14) Im Jahr 1963 von Dominique Venner gegründetes und wenige Jahre später wieder eingestelltes französisches, ethno-nationalistisches Magazin. Publizistischer Vorläufer von „GRECE" und der „Nouvelle Droite".

Eichberg: Ja, das war sehr wichtig. Ich habe dort auch gleich angedockt. Das nächste Mal war ich 1968 im Rahmen eines Universitätsaustausches zwischen Hamburg und Bordeaux wieder in Frankreich. Ich fuhr mit der AStA-Reisegruppe, machte aber in Bordeaux gleichzeitig mein eigenes Programm über meine Kontakte zur „Fédération des Étudiants Nationalistes" (FEN)[15], dem nationalistischen Studentenbund. Ich hielt bei denen einen Vortrag und fuhr dann auf eigene Faust über Straßburg zurück. Das war im Sommer 1968, kurz nach den Unruhen vom Mai.

In Straßburg hatte ich ein Kernerlebnis auf der Rechten. Die Nationalisten, die ich in dem Lager kennengelernt hatte, erzählten mir: „Mensch, wir haben versucht Revolution zu machen. Dort standen die Trotzkisten[16], hier standen wir. Von dort kam die Polizei. Dort an der Ecke standen die Anarchisten. Übrigens, willst Du mal jemanden von denen kennenlernen?" Dann gingen wir hin zu einem der Anarchisten, und der gab mir zum Abschied ein Buch von André Breton, „Manifeste des Surrealismus"[17]. Ich habe mich bei ihm bedankt. „Musst nicht danken dafür", sagte er, „das habe ich aus der Buchhandlung gestohlen." Das war ein Anarchist, und es waren

---

15) Die „Fédération des Étudiants Nationalistes" (FEN), ein Vorläufer der „Nouvelle Droite", war ein rechtsgerichteter französischer Studentenbund, der in den Jahren 1960-1967 aktiv war und schließlich im „GRECE" aufging.

16) Anhänger des anti-stalinistischen Bolschewisten und Gründers der „Roten Armee" Leo Trotzki (1879-1940); im mexikanischen Exil von stalinistischen Agenten ermordet.

17) André Breton (1896-1966) war französischer Schriftsteller und Theoretiker des Surrealismus. Breton, André (1955): Les manifestes du surréalisme, Paris.

auch Situationisten[18] da. Damals stieß ich zum ersten Mal auf dieses hochinteressante Phänomen, das eine Art Untergrundphänomen der Linken ist und sich „Situationismus" nennt. Zu allen möglichen Strömungen kam ich durch diese paar Tage in Straßburg in Kontakt, und darüber habe ich dann auch geschrieben. Ich hatte zuerst über das FEN-Lager geschrieben, dazu gab es eine Sonderausgabe der Zeitschrift „Junges Forum"[19]. Dann folgte ein zweites Heft, auch wieder ein Sonderheft, über den Mai '68 in Frankreich.

18) Unter „Situationismus" wird eine im Kontext der `68er-Bewegung entstandene Kunstform verstanden, die sich in Anknüpfung an den Surrealismus und den Dadaismus der Befreiung der Individuen von Konventionen durch aktionistische performances in der Alltagswelt widmete.

19) Im Jahr 1964 von Lothar Penz gegründetes Theoriemagazin. Es wird mit dem Autor Henning Eichberg das erste bedeutende inellektuelle Forum der „Neuen Rechten" in Deutschland. Zu den Sonderheften siehe Singer, Hartwig (1967): Nationalismus ist Fortschritt. Eine Studie über die jungen fortschrittlichen Nationalisten in Frankreich um die Zeitschrift Europe-Action. Sonderausgabe Junges Forum, Hamburg sowie ders. (1969): Mai 68. Die französischen Nationalisten und die Revolte gegen die Konsumgesellschaft, Sonderausgabe Junges Forum, Hamburg.

„Junges Forum" und der Weg
raus aus der Alten Rechten

Brodkorb: Wie kam es überhaupt zur Gründung der Zeitschrift „Junges Forum"?

Eichberg: Diese Geschichte ist ein bisschen kompliziert. Sie lief über den „Donnerstagskreis". Ich war erst noch an den „Deutschen Block" angedockt. Aber bald wurde klar, dass die mit mir nicht so richtig etwas anfangen konnten. Die Partei bestand aus alten Nazis, das sagte der Landesvorsitzende ganz unverhohlen. Die hatten auch kein Niveau, mit denen konnte man sich nicht über die Sachen unterhalten, an denen ich interessiert war. Deshalb hat er mich weitergereicht, und zwar sagte er, es gebe einen „Donnerstagskreis" und der mache gute Arbeit. Er stellte mir dann bei einer rechten Veranstaltung Hans-Joachim von Leesen[20] vor. Der leitete den „Donnerstagskreis". Das war ein Versuch, außerhalb politischer Aktionen nachzudenken, worum es eigentlich ginge. Der „Donnerstagskreis" wird heute oftmals als Nachfolgeorganisation des „Bund Nationaler Studenten" (BNS)[21] bezeichnet, der 1961 verboten worden war. Das stimmt insofern

---

20) Hans-Joachim von Leesen (1930-2019) war rechter Autor und Publizist, ehemals Geschäftsführer des „Schleswig-Holsteinischen Heimatbundes".

21) Der „Bund Nationaler Studenten" (BNS) wurde im Jahr 1956 gegründet und fünf Jahre später aufgrund rechtsextremistischer Bestrebungen verboten. Zu den Gründungsmitgliedern gehörten unter anderem Peter Dehoust (geb. 1936) und Martin Mußgnug (1936-1997). Ersterer sollte noch lange Zeit als rechter Publizist auf sich aufmerksam machen, zum Beispiel als Nachfolger Arthur Ehrhardts und Chefredakteur von „Nation Europa", Letzterer ab dem Jahr 1971 als NPD-Bundesvorsitzender.

nicht, als wohl nur einer aus dem BNS dabei war, nämlich Walther Thiede[22], der allerdings der letzte Bundesvorsitzende des BNS gewesen war. Von Leesen hatte eine habituelle Unzufriedenheit mit allem, was etabliert war auf der Rechten, das war ganz interessant. Er war auf seine raue Art immer so unruhig und kritisch, auch mit der Vergangenheitsbewältigung.

Dann ging aus beruflichen Gründen Hans-Joachim von Leesen von Hamburg weg, und der Kreis platzte in drei Richtungen auseinander. Eine kleine Gruppe orientierte sich an Jean-François Thiriart[23]. Das war ein belgischer Europafaschist, würde ich heute sagen, also einer von den ganz manischen Europäern mit der Vorstellung von einem autoritären Großstaat Europa, in dem die einzelnen Völker überhaupt keine Rolle mehr spielen sollten. Das Konzept war völlig staatsnationalistisch und antivolklich, etwas rein Abstraktes, typisch für die romanische Welt. Dann war da eine zweite Gruppe, die sagte: Wir müssen etwas ganz anderes machen, wir müssen erst einmal reflektieren, was wir eigentlich wollen und wie das alles philosophisch gemeint ist, wir müssen Kolbenheyer[24] lesen. Das war klug gedacht, aber hatte biologistische Untertöne. Lothar Penz[25] machte dazu mehrere Texte,

22) Gemeint ist offenbar der deutsche Pharmakologe und Zoologe Walther Thiede (1931-2011).

23) Jean François Thiriart (1922-1992), in jungen Jahren Kommunist, war ein rechter belgischer Publizist, Begründer der Bewegung „Jeune Europe" und gehört zum Umkreis der Denker der europäischen „Neuen Rechten".

24) Erwin Guido Kolbenheyer (1878-1962) war deutsch-österreichischer Schriftsteller, Anhänger des Sozialdarwinismus und trat 1940 in die NSDAP ein.

25) Lothar Penz (geb. 1931) Ingenieur und Publizist, war Leiter des ab 1964 erscheinenden Magazins „Junges Forum".

und daraus wurde schließlich ein hektographiertes Blätt-
chen, das „Junge Forum". Es bestand anfangs nur aus diesen Selbstreflektionen von Penz. Die dritte Gruppe wollte
unmittelbar etwas politisch bewegen, und für sie gab es
eigentlich nur die CDU. Das war die größere Gruppe.
Wir traten dann alle in die CDU ein, so eine Art Entrismus[26]. Dieser Flügel wurde von Walter Thiede angeführt.

Brodkorb: Wann war das ungefähr?

Eichberg: Um 1961/62.

Brodkorb: Es ging damals um die Antikommunismus-Li-
nie und deshalb um die CDU?

Eichberg: Ja klar, denn sonst war da nicht viel mehr.
Gleichzeitig waren wir von Anfang an dort sozusagen
schräg eingelagert, denn Antikommunismus war uns
auch nicht genug. Wir hatten gleichzeitig diffus soziale
Vorstellungen und landeten deshalb innerhalb der CDU
bei den Sozialausschüssen. Das war der linke Flügel der
CDU, der gewerkschaftliche und gerade nicht der rechte.
Ich gehörte damals in der CDU also gleichzeitig zum
rechten Flügel und zu den Sozialausschüssen. Wir spiel-
ten dieses widersprüchliche Spiel mit, gleichzeitig machten wir schnell die Erfahrung, dass es in der CDU nur um
Machtpolitik ging.

Brodkorb: Wann sind Sie wieder aus der CDU raus?

Eichberg: 1968 bin ich von Hamburg an die Universität
in Bochum gegangenen, und damit hörte meine Partei-
mitgliedschaft auf. Nachdem ich in Frankreich gewesen
war, hielt ich verschiedene Vorträge. Die Leute fanden die

---

26) Als „Entrismus" wird insbesondere die von trotzkistischen Gruppen verfolgte Strategie verstanden, in andere Organisationen einzutreten und diese
von innen zu erobern.

Sache so interessant, dass ich sie aufgeschrieben und Artikel daraus gemacht habe. Die „Nation Europa" hatte mich ja hingeschickt, aber der Text kam zugleich auch im „Deutschen Studentenanzeiger". Das war ein kürzerer Artikel. Da zu der Sache aber sehr viel mehr zu sagen war, habe ich mich hingesetzt und das aufgeschrieben. Und dann sagte Heinz-Dieter Hansen[27] vom „Jungen Forum": „Nehmen wir das doch rein."

Brodkorb: Also nicht Lothar Penz?

Eichberg: Penz zwar sozusagen der Denker, der Philosoph, aber Heinz-Dieter Hansen war der, der es praktisch machte. Das „Junge Forum" änderte damit nun aber seinen Charakter, weil es jetzt nicht mehr nur um diesen grüblerischen Kolbenheyer und letztlich eine Art Biologismus-Philosophie ging, sondern um etwas ganz anderes, zum Beispiel um den modernen Nationalismus und eine Beschreibung dieser französischen Szene. 1968 fuhr ich dann für meine Doktorarbeit nach Schweden. Daraus wurde wieder ein ganzes Heft, nun über die schwedische Rechte. Die sah ich aber sehr kritisch, weil ich inzwischen auf Abstand zum puren Antikommunismus gegangen war. Und die schwedische Rechte war letztlich bloß bürgerlicher Antikommunismus. Ich hatte inzwischen mit Frankreich ein ganz anderes Vergleichsmaterial, das heißt, die schwedische Studie wurde ziemlich kritisch. Von da an nahm das „Junge Forum" eine andere Richtung, und es öffnete sich für alle möglichen Diskussionen.

---

27) Heinz-Dieter Hansen, Mitbegründer der „Deutsch-Europäischen Studiengesellschaft (DESG) und deren Geschäftsführer, organisierte die Redaktion von „Junges Forum" und kandidierte später in Hamburg unter anderem für die „Republikaner".

Brodkorb: Haben Sie denn auch eine organisatorische Rolle gespielt?

Eichberg: Nein, das hat immer Heinz-Dieter Hansen alles erledigt. Hansen war übrigens ein sehr angenehmer, umgänglicher Mensch. Das ist mir auch von antifaschistischer Seite später bestätigt worden. Da gab es eine schöne Szene auf einer rechten Veranstaltung, auf der jemand sagte: „Da ist doch ein Linker, schmeißt den raus." Hansen sagte dann: „Wieso? Wenn ihr den rausschmeißt, dann gehe ich auch." Hansen war mit niemandem Feind, während alle anderen, ich selbst eingeschlossen, doch sehr auf Feindsuche waren. Letztlich hat Hansen aufgrund seiner liberalen Haltung das „Junge Forum" zur Zeitschrift der Neuen Rechten in Deutschland gemacht.

Brodkorb: Gab es denn da keine Redaktionsarbeit? Ich stellte mir das immer als eine kooperative Arbeit vor, die von vier oder fünf Intellektuellen getragen wurde.

Eichberg: Nein, ich glaube, da bildete sich allmählich ein bestimmter Kreis von Leuten heraus, die etwas zu sagen hatten, vor allem Penz und Hansen, aber keine richtige Redaktionsarbeit. Die drei Gruppen des „Donnerstagskreises" gingen zwar unterschiedliche Wege, kamen aber doch auch irgendwie wieder zusammen. Die „Sababurg-Runde" spielte dabei eine große Rolle. Die Sababurg liegt in Hessen und war eine Art Tagungszentrum, Restaurant und so weiter. Dort hat man sich in den 1960er Jahren jahrelang getroffen. Es war die Entsprechung zum Hamburger „Donnerstagskreis" auf der nationalen Ebene. Dort saßen ganz unterschiedliche Leute zusammen. Teils Mitarbeiter von „Nation Europa" wie Peter Dehoust, teils Altrechte, teils die Leute, die später die „Neue Rechte" wurden. Dadurch ist die Sababurg-Runde letztlich auch zum Stillstand gekommen, weil die Gruppen irgendwann nicht mehr miteinander sprechen wollten. Aber in den 1960er Jahren war das ein ganz wichtiges Diskussionsforum, und später wurde man sich sehr uneinig in vielen Dingen. Ich erinnere mich zum Beispiel an Wolfgang Strauss.[28]

Brodkorb: Welche Rolle hat Strauss im „Jungen Forum" gespielt?

Eichberg: Der war ganz dadurch geprägt, dass er als Schüler in der DDR Widerstandsaktionen durchgeführt hat, Parolen gemalt und so. Dabei wurde er erwischt und nach Workuta geschickt. Was für mich das französische Erlebnis war, war für ihn das ukrainische. In Workuta traf er die Leute von Stepan Bandera[29], ukrainische Nationalisten, und die machten auf ihn den stärksten Eindruck. Er lernte Russisch und wurde so unter uns derjenige, der am meisten für den Aufstand der Völker in der Sowjetunion trommelte, wo er ja letztlich den Finger am Puls gehabt hat. Politisch ging es bei ihm ziemlich hin und her. Als er aus Workuta zurückkam, landete er zunächst bei der SPD, dann bei der NPD.[30] Wir gerieten dann

28) Wolfgang Strauss (1931-2014) war Publizist und Vordenker der „Neuen Rechten" in Deutschland. Er floh 1956 aus der DDR, trat zunächst der SPD bei, wechselte dann jedoch auf die rechte Seite. Er veröffentlichte mehrere Texte in „Junges Forum" und wurde in den 1970er Jahren Redakteur der Zeitschrift „Neue Zeit" der „Aktion Neue Rechte" (ANR) unter der Führung von Siegfried Pöhlmann.

29) Stepan Andrijowytsch Bandera (1909-1959) war ein ukrainischer, antirussischer Nationalist, der von KGB-Agenten in München ermordet wurde. Während des Zweiten Weltkrieges kollaborierte er mit den Nationalsozialisten.

30) Diese Behauptung ließ sich nicht bestätigen. Gesichert hingegen ist, dass Wolfgang Strauss mehrere Jahre Mitglied der „Unabhängigen Arbeiter-Partei" (UAP) war und als Chefredakteur der „Reichsarbeiterzeitung" ideologisch erfolgreich auf die „Jungen Nationaldemokraten" (JN) und das Umfeld der NPD einwirkte.

einmal scharf aneinander auf der Sababurg wegen irgendwelcher Sachen, die ich vortrug. Er reagierte, vielleicht als Antikommunist, sehr empfindlich darauf. Wir haben später jahrelang gut zusammengespielt, aber unser Verhältnis begann mit einem Krach zwischen uns auf der Sababurg.

Brodkorb: Sie verwendeten in dieser Zeit zahlreiche Pseudonyme. Warum?

Eichberg: Das lief bei mir so: Ich schickte meine Gedichte an Arthur Ehrhardt. Dann hat er das erste im Jahre 1961 unter meinem Namen gebracht.[31] Darauf war ich stolz wie ein Pfau. Ehrhardt schrieb mir dann aber zurück, dass er es sich nicht leisten könne, ein junges Talent wie mich zu verheizen. Er wollte, ich sollte unter Pseudonym schreiben. Da habe ich hin und her überlegt und mehr zufällig diesen „Thorsten Sievers" erfunden. Irgendwann hatte ich dann mehrere Artikel in einem Heft, und dann sollte das nicht so aussehen, als ob Thorsten Sievers das ganze Heft schriebe. Also war plötzlich „Jürgen Swers" mit dabei.[32] Die Namen waren Zufälligkeiten. Mein Bericht über Frankreich hatte dann mehr Tief-

31) Hier irrt Henning Eichberg möglicherweise. Den Inhaltsverzeichnissen von „Nation Europa" des Jahres 1961 jedenfalls ist Eichbergs Name nicht zu entnehmen. Lediglich in der November-Ausgabe sind drei Gedichte abgedruckt, allerdings ohne Nennung eines Autors. In der Januar-Ausgabe des Jahrgangs 1962 finden sich zwei Gedichte unter dem Namen „Thorsten (18)" und erst im Jahrgang 1963 wird in der März-Ausgabe ein Gedicht unter dem Pseudonym „Thorsten Sievers" abgedruckt. Zu diesem Zeitpunkt ist Eichberg 20 Jahre alt.

32) Gemeint sein dürfte die März-Ausgabe von „Nation Europa" aus dem Jahre 1964. In dieser finden sich zwei Beiträge von „Thorsten Sievers" und der erste von „Jürgen Swers".

gang.[33] Darum nahm ich einen neuen Namen dafür, nämlich „Hartwig Singer". Seitdem habe ich mehrere theoretische Aufsätze unter „Hartwig Singer" veröffentlicht – etwa bis 1974 oder 1975. Irgendwann habe ich die Pseudonyme aber fallen lassen, es war in der Szene eh bekannt.

Ich rate heute allen Leuten ab, Pseudonyme zu benutzen, das habe ich auch ausführlich mit „Jean Cremet"[34] diskutiert. Man sollte nicht unterschätzen, was für eine Wirkung das für einen selbst hat. Man schreibt nicht mit derselben Verantwortung, mit der man schreibt, wenn man unter seinem Namen veröffentlicht. Das ist jedenfalls meine Erfahrung, und deswegen würde ich empfehlen, wenn immer es möglich ist: Vergiss die Sache mit den Pseudonymen. Sie mögen irgendwelche praktischen Vorteile haben, aber intellektuell sind sie gleichzeitig für einen selbst problematisch.

33) Der Bericht erschien im Jahr 1967 unter dem Titel „'Nationalismus ist Fortschritt'" in der Januar-Ausgabe von „Nation Europa", siehe NE 1/1967, S. 47-49.

34) Gemeint ist der deutsche Publizist Volkmar Wölk (geb. 1957).

Konflikte innerhalb der Rechten

Brodkorb: Sie waren dabei zu erklären, was auf der Sababurg so alles passiert ist.

Eichberg: Ja, da kam dann 1968. Ich habe noch eine Szene in Erinnerung, die war witzig und aufschlussreich. Jürgen Rieger[35] war da, mit dem habe ich in Hamburg zunächst zusammengespielt (*lacht*), da war nicht sichtbar, dass es bei ihm in diese Richtung gehen würde mit Nazismus und Rassismus. (Als das rauskam, schrieb ich eine scharfe Kritik seines Rassebuches für „Nation Europa", Anfang der 1970er Jahre.)[36] Aber erst einmal war Rieger ein ganz beweglicher junger Mann, und jetzt kommt diese Szene: Ich habe auf der Sababurg das erste Mal über die französischen Nationalisten referiert – oder aber über die Studentenrevolte und die Kritik der Konsumgesellschaft –, jedenfalls gab es eine große Diskussion. (Es kann auch sein, dass es genau dabei den Zusammenstoß mit Wolfgang Strauss gegeben hat.) In dem Vortrag hatte ich vom „Establishment" gesprochen und das war ein linker Begriff. Heutzutage klingt er eher altmodisch, also keiner spricht heute mehr vom „Establishment". Aber damals war das ein super-kritischer Begriff und ein Stück der lin-

35) Jürgen Rieger (1946-2009), Rechtsanwalt und völkischer Rassist, war über Jahrzehnte hinweg bedeutender Aktivist der neonazistischen Szene Norddeutschlands. Nach der Annäherung der NPD an die neonazistischen Kameradschaften trat auch Rieger im Jahre 2006 der Partei bei.

36) Eichberg meint hier Jürgen Riegers noch als Student geschriebenes Buch „Rasse – eine Problem auch für uns", Selbstverlag, Hamburg 1969. In der von ihm erwähnten Rezension bezeichnet er Riegers Buch als „wissenschaftlich obskur und politisch abstrus"; Singer, Hartwig (1970): Völkische Ideologie oder Wissenschaft? Rasse in der Diskussion, in: NE 2/1970, S. 56-57, hier S. 56.

ken Rhetorik gegen die Herrschenden, das einfach Eindruck machte, jedenfalls bei mir. Aber nicht bei allen anderen auf der Sababurg. Manche reagierten pikiert und sagten: „'Establishment', kann man das nicht auch deutsch ausdrücken?" Und da erhob sich der Jürgen Rieger und sagte: „Die Leute vom Establishment haben nichts anderes verdient, als dass wir sie 'Establishment' nennen." Da brüllte der Saal vor Lachen, denn das war eine herrliche Pointe. Insofern zogen wir zunächst an einem Strang, gegen die Alten.

Brodkorb: Nach 1966 wird dann das „Junge Forum" zu einer Art Sprachorgan, Diskussionsorgan der „Neuen Rechten" in Deutschland?

Eichberg: Ja, und dabei spielte die Sababurg eine wichtige Rolle. Man hielt Vorträge, und vieles von den Vorträgen war nicht verschriftet, das war einfach so dahergeredet, wie das eben so ist. Aber einiges hatte Qualität, und Hansen ging herum und sagte: „Können wir das nicht aufschreiben, können wir das nicht zu einem Heft machen?" Dadurch wurde das „Junge Forum" bedeutender für diejenige nationale Szene, die sich um 1970 herum anfing abzugrenzen gegen die Alte Rechte und dann mit der „Aktion Neue Rechte" (ANR) im Jahre 1972 ihren Namen fand. Das war ein Prozess, der etwa von 1969 bis 1972 lief. Habituell war das eine Reaktion auf 1968.

Brodkorb: Wie hoch war denn die Auflage von „Junges Forum"?

Eichberg: Das habe ich nie gewusst.

Brodkorb: Wie wurden die Hefte verteilt, gab es nur Abonnenten?

Eichberg: Ja.

Brodkorb: Das hat sich finanziell getragen?

Eichberg: Davon habe ich überhaupt keine Vorstellung.

Brodkorb: Wie begann nun eigentlich die Zusammenarbeit mit Frankreich? Alain de Benoist publiziert in einem JF-Heft mit dem Titel „Metapolitik. Was ist das?" Das wird doch über Sie gelaufen sein?

Eichberg: Ja, ich denke schon.[37] Ich war von Anfang an durch die Begegnung von ihm eingenommen. Später kam er mit zwei, drei Freunden zu mir und hat bei uns in Hamburg auf Luftmatratzen übernachtet. Das war alles so ein bisschen pfadfindermäßig. Alain de Benoist ist ein manischer Schreiber, noch manischer als ich. Der saß auch in dem Studentenlager die ganze Zeit in einer alten Ruine und schrieb und redigierte gleichzeitig Zeitschriften. Er besitzt, glaube ich, ein ganzes Haus, das nur dicht an dicht mit Büchern gefüllt ist. Schon als ich ihn vor Jahren gesehen habe, bestanden da ganze Räume nur aus Bücherregalen, die auf Schienen hin und her gefahren werden konnten. Ich fand das toll, wie er arbeitete. Er war ja in meinem Alter, sogar ein Jahr jünger – und unglaublich gelehrt. Was der sich alles zusammengelesen hat! Noch weit verrückter als ich mit meinem Lesen und Schreiben. Von ihm kamen immer wieder interessante Sachen, von denen wir sagten, dass wir die doch eigentlich als Heft in „Junges Forum" herausbringen sollten.

---

37) Das ist eine erstaunliche Bemerkung. Das fragliche Heft erschien erst im Sommer des Jahres 1984 – zu diesem Zeitpunkt wollte sich Eichberg bereits zu einem Linken gewandelt haben. Unter „Metapolitik" versteht Alain de Benoist dabei im Anschluss an den italienischen Kommunisten Antonio Gramsci (1891-1937) eine Strategie, bei der die politische Machtübernahme durch die Eroberung der kulturellen und intellektuellen Bereiche einer Gesellschaft vorbereitet werden muss. Siehe de Benoist, Alain (1985): Kulturrevolution von rechts, Krefeld.

Das trug zum Spaltpilz Neue Rechte versus Alte Rechte bei. Wobei Benoist gleichzeitig versuchte, etwas zu machen, das sich jenseits von rechts und links bewegte. Er wollte eigentlich woanders hin, aber in Deutschland ist er nur auf der Rechten gelandet.

Das ist das Problem von Alain de Benoist, dass er in der deutschen Szene immer auf der Rechten gelandet ist, und es ist wohl sein Problem nicht nur in der deutschen Szene. Er wollte später eigentlich etwas anderes und hat sich deswegen auch bisweilen umdefiniert von „Nouvelle Droite" zu „Nouvelle Culture". Aber damit ist es nicht getan, dass man im Überbau die Begriffe auswechselt. Mir scheint, es hat sehr viel mit der Lebenssituation zu tun in seinem Fall. Ich habe selbst gemerkt, was es bei mir bedeutet hat, dass ich Orte gewechselt habe. Als ich von Hamburg nach Bochum ging, war die CDU-Verbindung weg. Als ich von Bochum nach Stuttgart wechselte, ging die Neue Rechte für mich verloren. Erst recht, als ich von Stuttgart nach Dänemark ging – da war ich nur noch links verbunden. Alain de Benoist hat hingegen immer in Paris gesessen und das bedeutet: Die alten Kumpaneien blieben. Man sollte nicht unterschätzen, was das für eine Rolle spielt. Er hängt in diesem rechten Netzwerk und dann kann er im Überbau, in den Ideen etwas anderes schreiben, aber wenn man auf die Praxis guckt, wer denn die Abonnenten sind, dann ist es immer noch ein bestimmter Flügel des „Front National" (FN)[38] – obwohl er

38) Der „Front National" (FN), heute „Rassemblement National" (RN), ist die bedeutendste französische Rechtspartei.

die ganze Zeit gegen Le Pen[39] geschrieben hat und auch gegen den Rassismus.

Das ist es, was ich mit Basis und Überbau in meinem Verständnis meinte. Dabei gibt es verschiedene Thesen darüber, was eigentlich die Basis sei. Der späte Marx[40] hat gesagt: Ökonomie. Ich sage: Praxis. Aber was heißt das? Körperlichkeit und Habitus (Bourdieu[41])? Marx' Frage bleibt aktuell, seine Antwort nicht unbedingt. Was ist eigentlich die Grundlage der Politik und des Lebens? Die Ideen sind es jedenfalls nicht, da kann man sich alles Mögliche ausdenken und die Ideen miteinander kreuzen, wie man will. Aber wenn man zur Praxis kommt, was ist denn dann los? Das ist das eigentlich Entscheidende. Das ist es, was ich unter „Materialismus", der Orientierung auf das Materielle verstehe – nicht im Sinne des Ökonomischen, sondern als körperliche Praxis und interaktionelle, relationelle Praxis zwischen Menschen. Da liegen die großen Probleme, wenn wir verstehen wollen, wie gesellschaftliche und politische Prozesse ablaufen und warum Alain de Benoist so in einem Milieu festhängt, von dem er sich theoretisch zugleich distanziert.

Brodkorb: Der Hauptgrund, warum Sie bis heute im Fokus der Aufmerksamkeit stehen, wenn es um die Neue Rechte geht, ist das Jahr 1972. Damals spaltete sich über

39) Jean-Marie Le Pen (geb. 1928) war langjähriger Vorsitzender des „Front National".

40) Karl Marx (1818-1883) war Ökonom und Philosoph und gilt als Begründer des so genannten „wissenschaftlichen Kommunismus".

41) Pierre Bourdieu (1930-2002) war ein bedeutender französischer Soziologe. Im Anschluss an Marx vertrat er die These, dass die Menschen aufgrund ihrer sozialen Umstände einen speziellen Lebensstil (Habitus), einschließlich entsprechender automatisierter Verhaltensweisen, entwickeln.

den bayerischen Landesverband der NPD um Dr. Siegfried Pöhlmann[42] eine Gruppe ab und gründete die „Aktion Neue Rechte" (ANR). Sie schrieben das entsprechende Gründungsmanifest. Wie kam es dazu?

Eichberg: Pöhlmann war an sich ein ganz rechter Knacker, letztlich ein purer Antikommunist. Er hat eigentlich von der Neuen Rechten nichts verstanden. Ihm ging es wohl nur um persönliche Machtpolitik in und neben der NPD, und da sammelte er seine Truppen. Letztlich muss auch unser Kontakt über die Sababurg-Verbindung zustandegekommen sein. Ein vermögender Bekannter aus diesem Kreise, der eine Fabrik für Korken besaß, lud mich und meine Frau privat in sein Haus am Tegernsee ein, Silvester und Neujahr 1971/72. Plötzlich erschien dort Pöhlmann zusammen mit einem Mitarbeiter, Rüdiger Schrembs[43]. Pöhlmann war nun wirklich kein Intellektueller und machte später mit Leuten wie Dr. Frey[44] ein Bündnis, mit einer der widerlichsten Figuren, die es überhaupt in der rechten Szene gab. Schrembs war da interessanter. Die beiden sagten also: „Jetzt machen wir was ganz Neues. Jetzt sprengen wir die NPD." Da habe ich mich hingesetzt und in der Nacht den Entwurf geschrieben. Später haben die ANR-Leute an diesem Entwurf rumgefummelt und ihn verändert. Die Unterschiede

42) Siegfried Pöhlmann (1923-2000), Landesvorsitzender und Landtagsabgeordneter der bayerischen NPD, kandidierte im Jahr 1971 für den NPD-Bundesvorsitz gegen Martin Mußgnug. Nach der Abstimmungsniederlage verließ er die NPD und gründete die „Aktion Neue Rechte" (ANR).

43) Jahrzehnte später engagiert sich Rüdiger Schrembs für die rechtspopulistische Initiative „Pro München" und in der NPD.

44) Gerhard Frey (1933-2013), rechtsextremer Journalist und Verleger, war über viele Jahre Vorsitzender der von ihm gegründeten „Deutsche Volksunion" (DVU).

kann man heute gut nachvollziehen, weil ich meinen Originaltext 1972 in „Junges Forum" veröffentlicht habe.[45]

Brodkorb: Warum waren Sie denn überhaupt bereit, mit der NPD zusammenzuarbeiten?

Eichberg: Ich hatte immer ein Interesse an Dissidenten, daran, dass Leute abweichen – und die Illusion, die Leute müssten doch auch bei der NPD klüger werden. Es kamen tatsächlich immer wieder Wellen junger Leute nach, zum Beispiel über die Jungen Nationaldemokraten[46], die sagten: „Jetzt machen wir mal etwas ganz anderes, jetzt muss das mehr grün sein, jetzt wollen wir mehr Sozialismus." Ich verfiel immer wieder der Illusion, dass das eigentlich ganz interessant werden könnte.

Brodkorb: Wie ging das dann weiter?

Eichberg: Man machte also die ANR, und schon in diesem Augenblick war für mich klar, dass ich selbst nicht mehr bei der „Neuen Rechten" dabei sein wollte. Das war nicht mehr meine Vorstellung. Innerlich war ich schon von der Rechten insgesamt abgerückt. 1974 spaltete sich dann die ANR. Daraufhin betätigte sich ein Teil davon in der „Nationalrevolutionären Aufbauorganisation", die dann zur „Sache den Volkes" wurde. Penz seinerseits wid-

45) Dies ist eine überraschende Behauptung. Dokumentiert wird in der ersten Ausgabe von „Junges Forum" des Jahres 1972 nämlich ausdrücklich das auf der Gründungsversammlung der ANR beschlossene „Manifest einer europäischen Bewegung". An keiner Stelle wird, soweit ich sehe, im JF auf eine angebliche Originalfassung Eichbergs bzw. Singers hingewiesen. Siehe ANR (1972): Manifest einer europäischen Bewegung, in JF 1/1972, S. 15-18.

46) Jugendorganisation der „Nationaldemokratischen Partei Deutschlands" (NPD).

mete sich dem „Solidarismus".[47] Mit der Bezeichnung „Nationalrevolutionär" konnte ich mich aber besser identifizieren. Das bezeichnete eine demokratische, sozialistische, antikapitalistische Grundrichtung. Was das im Einzelnen bedeuten sollte, das war jedoch noch unklar.

47) Die Organisationsgründungen erfolgten jeweils im August 1974. Die „Sache des Volkes" gab ab 1975 das Magazin „Neue Zeit" heraus, an dem sich auch Eichberg als Autor beteiligte. Die „Solidaristische Volksbewegung" (SVB) um Lothar Penz knüpfte an Otto Strassers Dritten Weg jenseits von Kapitalismus und Sozialismus an („Solidarismus"; http://www.solidaristen.de). Der als Rechtsextremist geltende Jürgen Schwab (geb. 1967) arbeitete in der jüngeren Vergangenheit seinerseits an einer Fortsetzung der „Sache des Volkes" sowie des „Solidarismus" (https://sachedesvolkes.wordpress.com).

Linkswende und ihre Widersprüche

Brodkorb: Anfang der 1970er Jahre wandert Henning Eichberg also nach links?

Eichberg: Definitiv links war das damals noch nicht. Aber wenn man sich diese Etappen vor Augen führt – erst Alte Rechte, dann 1966 die Sache mit den Franzosen, die um 1970 so etwas wird wie die Neue Rechte, 1972 den Namen annimmt und aus der 1974 die Nationalrevolutionäre hervorgehen – dann kann man das tatsächlich als eine Linie sehen, die etwa Mitte der 1970er dazu führt, dass ich zur Linken umsteige.

Brodkorb: Aber Ihr Buch „Nationale Identität"[48] ist doch später erschienen, über die Burschenschaft „Danubia".[49]

Eichberg: Ja, 1978.

Brodkorb: Und wie passt das mit der angeblichen Linkswende Mitte der 1970er Jahre zusammen?

Eichberg: Das erklärt sich aus dem Beziehungsgeflecht, so wie ich es eben kritisch zu Alain de Benoist angemerkt habe. Das gilt auch für mich selbst. Das heißt, man sitzt ständig in irgendwelchen Netzwerken fest. Und dann kommen Leute und sagen: „Das sind ja tolle Sachen, die du schreibst…" Das appelliert auch an die eigene Eitelkeit, so etwas darf man nicht unterschätzen. Ok, ich weiß, das sind Burschenschaftler. Von den Burschenschaften unserer Tage habe ich nie etwas gehalten. Wie

48) Eichberg, Henning (1978): Nationale Identität. Entfremdung und nationale Frage in der Industriegesellschaft, München – Wien.

49) Gemeint ist die im Jahr 1848 gegründete, schlagende, vielfach dem rechtsextremen Spektrum zugeordnete Burschenschaft „Danubia München".

die Leute sich da vollsaufen, das war und ist für mich
fremd und abstoßend, dafür hatte ich nichts übrig. Ich
habe früher verschiedentlich Vorträge bei Burschenschaften in Hamburg gehalten oder war bei deren Veranstal-
tungen. Immer dasselbe Bild: Erst ein Vortrag, über den
man diskutiert. Es klingt zunächst alles ganz vernünftig,
dann saufen die Leute sich den Kopf voll, und am nächs-
ten Morgen wissen die nichts mehr von dem, was sie am
Vorabend gesagt haben. Die Widersprüche hat übrigens
Volkmar Wölk schön beschrieben.[50] Er hat eine Rede von
mir analysiert, die 1974 in den „Burschenschaftlichen
Blättern"[51] abgedruckt wurde. Wie ich da reinging und
eigentlich etwas ganz anderes sagen will, und die verstehen das nicht, aber sie drucken es doch.

Und jetzt kamen also Danuben und sagten: „Also,
hier machen wir jetzt eine Buchreihe und das soll etwas
ganz anderes werden." Darin erschien ein Buch von
Wolfgang Strauss,[52] ok, mit dem war ich inzwischen auf
einer Wellenlänge. Aber hinten in meinem Buch, das war
nicht abgesprochen, gab es eine Werbeanzeige von der
Burschenschaft. Die habe ich rausgerissen aus allen Büchern, die ich weitergegeben habe. Ich fand das eine Sau-
erei, es war einfach nicht abgesprochen. Denn die Burschenschaften als solche und was auch in der Anzeige
stand, das war bürgerliche Rechte, damit hatte ich nichts
zu tun. Aber die hatten mir halt angeboten, so ein Buch

50) Wölk, Volkmar/Köditz, Kerstin (2007): „'Die nationale Frage als Störfaktor'? Völkischer Antikapitalismus als Ideologie der Systemopposition von
rechts." In: Nationaler Sozialismus – „Antikapitalismus" von völkischen
Freaks, Berlin, S. 22-27.

51) Die „Burschenschaftlichen Blätter" sind eine im Jahr 1887 gegründete, von
der „Deutschen Burschenschaft" (DB) herausgegebene Vierteljahresschrift.

52) Strauss, Wolfgang (1978): Nation oder Klasse, München – Wien.

herauszubringen. Und es hat auch seine Wirkung gehabt, behauptet man. Es habe den Begriff der Nationalen Identität überhaupt erst im Diskurs festgeschrieben, sagen gerade kritische Leute. Aber es hatte auch die fatale Wirkung, dass die Sache damit wieder an die Rechte angekoppelt war. Insofern halte ich die Publikation heute für eine zwiespältige Angelegenheit.

Brodkorb: Wie Sie wissen, wird Ihnen von Publizisten mitunter vorgehalten, Sie hätten noch in den 1970er Jahren für die argentinische Exilzeitschrift „La Plata Ruf" geschrieben. Redaktionsleiter dieser Zeitschrift war immerhin Wilfred von Oven, ehemals Referent im NS-Propagandaministerium unter Goebbels. Wie war das mit Ihrer Linkswende vereinbar?

Eichberg: Für diese Zeitschrift habe ich nie geschrieben und mit ihr keinen Kontakt gehabt. Man hat dort einmal, ohne nachzufragen, einen Artikel von mir aus der ANR-Zeitschrift „Neue Zeit" nachgedruckt. Das erfuhr ich später. Ich habe weder diesen Nachdruck noch überhaupt jemals ein Exemplar des Blattes in die Hand bekommen.

Eine andere Frage ist es, wieso sich ein Altnazi in Argentinien damals für unsere Publikationen interessierte. Mein Artikel hieß „Warum sind wir Sozialisten?"[53] und war ein früher Versuch, den Nationalismus aus seiner Verklammerung mit der kapitalistischen Rechten zu lösen. Das mag jenen Oven angesprochen haben, sozusagen als rhetorische Erinnerung an seinen alten „Nationalsozi-

---

53) Eichberg, Henning (1973): „Warum sind wir Sozialisten? Sozialismus konkret 1." In: Neue Zeit, 4-5/1973. Der Nachdruck in „La Plata Ruf" erfolgte im Oktober 1973, Clemens Heni gibt zudem eine Fortsetzung im Jahre 1976 an, siehe Heni 2007, S. 301 sowie S. 447.

alismus" – der allerdings weder sozialistisch noch national gewesen war. Bedeutsamer war mir damals, dass ein ausgewiesener Antifaschist auf diese Neuansätze aufmerksam wurde. Es war Karl Otto Paetel in New York. Er war eine der interessantesten Gestalten der nationalrevolutionären Szene in der Weimarer Zeit gewesen und hatte später darüber ein Buch geschrieben, das zum „Klassiker" wurde.[54] Ab 1933 wurde Paetel verfolgt und emigrierte nach Prag, dann nach Paris, dann nach Amerika. Er war von 1935 bis 1945 aktiv in der antinazistischen Arbeit. In seinen „Gesprächsfetzen", dem Blatt seines meist linken und linksliberalen Freundeskreises, machte er 1971 auf meine Schreibereien aufmerksam und zettelte eine Diskussion mit uns an.

Brodkorb: Eichberg ist und bleibt als Rechter verschrien, erhält in Deutschland keine Professur, hat enorme Schwierigkeiten. Wann gingen Sie nach Dänemark?

Eichberg: 1982.

Brodkorb: Und wann beginnt das Projekt „wir selbst"?[55]

Eichberg: Das beginnt um 1980 herum. Da war ich am Anfang nicht mit dabei. Es begann unabhängig von mir. Das waren Studenten, ehemalige Nationaldemokraten.

---

54) Karl Otto Paetel (1906-1975) war ein bedeutender Vertreter des deutschen Nationalbolschewismus. Siehe Paetel, Karl Otto (1997): Nationalbolschewismus und nationalrevolutionäre Bewegung in Deutschland. Geschichte – Ideologie – Personen. Schnellbach.

55) Siegfried Bublies, Verleger und ehemaliges NPD-Mitglied, gründete Ende 1979 die nationalrevolutionäre Zeitschrift „wir selbst", die bis zum Jahr 2002 erschien. Ihr Name ging auf die irische Partei „Sinn Féin" zurück. Anspruch der Zeitschrift war es, eine Brücke zwischen links und rechts zu schlagen. Zu den Autoren und Gesprächspartnern gehörten neben bekannten Rechten auch Sozialdemokraten und sogar Funktionäre der PDS. Zwischenzeitlich wird das Projekt als online-Plattform fortgesetzt: http://www.wir-selbst.com.

Die machten das aber als nationalrevolutionäres Projekt, und irgendwann traten sie an mich heran. Ich hatte Vorbehalte und sagte erst einmal: „Also, ich schreibe nicht für 'wir selbst'." Aber ich veröffentlichte Artikel in allen möglichen linken Zeitschriften. Und das waren in den 1970er Jahren zum Beispiel „Ästhetik und Kommunikation", „Pflasterstrand" und „taz".[56]

Brodkorb: Sie haben auch in der „taz" veröffentlicht?

Eichberg: Ja, ich habe auch etwas in der „taz" veröffentlicht.[57] Und bei solchen Sachen wie z. B. diesem „taz"-Artikel habe ich gesagt: „Ok, das könnt Ihr haben, das könnt ihr nachdrucken." Dann fand ich das Blatt zunehmend interessant, wie sich das entwickelte. Und da es nun nicht ein rechtes Strömungsblatt sein sollte, sondern Forum eines Rechts-Links-Dialoges, fing ich auch an dafür zu schreiben. Das war in den 1980er Jahren.

Brodkorb: Eine entscheidende organisatorische Rolle hatten Sie nicht?

Eichberg: Nie. Das Organisatorische lag immer in der Hand des Verlegers Siegfried Bublies. Er zog dann Leute zur Redaktionsarbeit mit heran, die auch namentlich genannt sind, aber da war ich nicht dabei. Ich habe auch nie

---

56) „Ästhetik und Kommunikation" ist eine im Jahr 1970 gegründete linke Kulturzeitschrift; „Pflasterstrand", ein zwischen 1976 bis 1990 unter der redaktionellen Leitung von Daniel Cohn-Bendit erscheinendes, linksalternatives Stadtmagazin; „taz" („Die Tageszeitung"), eine seit dem Jahr 1978 erscheinende Tageszeitung aus dem links-grünen Milieu.

57) Gemeint ist offenbar ein taz-Leserbrief Eichbergs, der in „wir selbst" vollständig abgedruckt wurde: Eichberg, Henning (1981): Nirgendwo-Menschen oder Beisichselbstzuhausesein – eine Antwort von Henning Eichberg, in: wir selbst 3/4-1981, S. 10-12. Seinen ersten Auftritt in „wir selbst" hatte Eichberg in der Ausgabe 3-1980 mit einem Interview, in der Ausgabe 6-1980/81 wird er gar als Redaktionsmitglied geführt.

so eine Machtposition haben wollen. Es ist mir mein ganzes Leben lang gelungen, dies zu vermeiden. Das hat man mal mit Rudi Dutschke[58] verglichen. Der hatte einen inneren Widerstand dagegen, irgendwo als Führer aufzutreten, obwohl er oftmals so stilisiert wurde. Er meinte einfach: Ich habe etwas zu sagen. Das war auch meine Rolle, ich bildete mir ein, ich hätte in der Sache etwas zu sagen, und damit hat sich's. Nachträglich bekam ich manchmal Schwierigkeiten mit dem, was ich zu sagen hatte, aber das war dann mein Problem.

58) Rudi Dutschke (1940-1979) war Anführer der studentischen '68er-Bewegung.

Was ist links, und was ist rechts?

Brodkorb: Wenn Sie selbst sagen, dass Sie von rechts nach links gewechselt sind, was heißt dann eigentlich „links" und was „rechts"?

Eichberg: Diese Frage habe ich mir erst in den letzten Jahren ernsthaft und explizit gestellt. Ich greife dabei gern auf einen Gedanken von Sebastian Haffner[59] zurück, der einmal gefragt hat: Hat das vielleicht mit der linken und der rechten Hand zu tun? Ich bin der Sache nachgegangen, auch als Historiker (der ich auch bin, obwohl ich mich von meiner Identität her als Kultursoziologe und jetzt mehr und mehr als Philosoph verstehe). Woher kommt die Zweiteilung der politischen Landschaft? Sie ist erst 200 Jahre alt – und beginnt im späten 18. Jahrhundert, zunächst in einer ganz merkwürdigen Form. In Schweden bezeichneten zwei Parteien sich als „Hüte" und als „Mützen",[60] noch bevor die eigentliche demokratische Revolution gekommen ist; das waren noch Hofparteien. In England gab es die Tories und die Whigs.[61] Dann folgt die demokratische Revolution in Frankreich, und von dieser Zeit ab bezeichneten sich die beiden französischen

59) Haffner, Sebastian (1980): „Rechts und links." In: Der Monat. – Nachdruck in: ders. (1985): Im Schatten der Geschichte. Historisch politische Variationen aus 20 Jahren. Stuttgart, S. 231-234.

60) Die „Mützen" (Mössorna) waren im Schweden des 18. Jahrhunderts eine politische Partei, die eine kriegerische Auseinandersetzung mit Russland verhindern wollte. Ihre Gegner waren die russlandfeindlichen „Hüte" (Hattarne).

61) Die „Tories" sind bis heute die konservative, pro-monarchistische Partei im Vereinigten Königreich, während die „Whigs" vom 17. bis zum 19. Jahrhundert eine liberale Ausrichtung vertraten und im Jahr 1859 in der „Liberal Party" aufgingen.

Hauptströmungen als „Berg" und „Tal"[62]. Die Bergpartei und die Talpartei. Anfang des 19. Jahrhunderts folgt die politische Landschaft in ihrer Bezeichnung dann der Sitzordnung des Parlaments, daher stammen die Bezeichnungen „links" und „rechts". Welchen tieferen Sinn hat das eigentlich?

Nun kommen immer wieder Leute und sagen: Diese Bezeichnungen haben eigentlich keinen Sinn mehr – spätestens seit dem späten 19. Jahrhundert, als revolutionäre oder halbrevolutionäre Massenbewegungen auf der Rechten auftauchen. Das datiert man in Frankreich auf den Boulangismus.[63] Dem General Boulanger gelang es plötzlich, mit patriotischen, nationalen, autoritär-halbdemokratischen Parolen große Massen zu organisieren. Von da an passt das alte ideologische Bild von „rechts" und „links" nicht mehr, denn „links" stand bis dahin für Revolution und Demokratie, „rechts" hingegen für das Festhalten am Alten und an den Hierarchien, an Thron und Altar. In Verlängerung des Boulangismus entstand mit dem Faschismus später etwas Drittes, das auch dazwischen stehen wollte – Zeev Sternhell[64] hat das beschrieben. Später sagten dann die Grünen wieder etwas entsprechendes wie vorher schon wir von der nationalrevolutionären „Sache des Volkes": Wir seien jenseits von rechts

62) Die Anhänger der „Bergpartei" (La Montagne) erhielten im Zuge der Französischen Revolution von 1789 ihren Namen aufgrund der erhobenen Sitzposition im Parlament und waren jakobinisch beeinflusst; die gemäßigten Girondisten wurden „Talpartei" genannt.

63) Georges Boulanger (1837-1891) war französischer General, der in seinen letzten Lebensjahren in die Politik wechselte und als Kriegsminister und Abgeordneter tätig war.

64) Sternhell, Zeev (1983): Ni droite ni gauche. L'idéologie fasciste en France. Paris.

und links. Das eine ist, wie sich herausstellt, jedoch so falsch wie das andere. Wer sagt, er stehe jenseits von rechts und links, ist letztlich ein Rechter. Das gilt klar für die Faschisten, aber auch für die Grünen. Die sind bürgerlich, also eine Art neuer FDP mit einigen grünen Inhalten.

Wie auch immer: Irgendetwas ist offenbar viel fundamentaler an dieser modernen politischen Zweiteilung, als die vom „Dritten Weg" denken. Nun bin ich philosophisch gesehen Anti-Dualist. Das heißt, ich habe ein grundlegendes Misstrauen gegen alle dualistischen Aufteilungen. Wir müssen immer nach dem Dritten suchen. In Dänemark nennen wir das Trialektik. Das ist, könnte man sagen, eine Weiterentwicklung des dialektischen Denkens.[65] Aber damit gerate ich an der Rechts-Links-Frage mit mir selbst in einen Widerspruch. Weil ich aus meiner eigenen Biographie heraus merke, dass all das mit dem Dritten Weg zwar schön gedacht sein mag, es aber doch etwas grundlegender Duales gibt in der modernen Demokratie.

Meine vorläufige These dazu ist wieder habituell. Mit dem Habitus wollen wir etwas machen, sind wir Macher, sind wir normalerweise Rechtshänder. (Der Linkshänder macht's zwar mit der linken Hand, aber normalerweise sind wir Rechtshänder.) Machen ist rechts – Gegenhalten ist links. Gegenhalten mit der linken Hand ist auch lebensnotwendig. Eine dritte Hand haben wir aber nicht. Keiner von uns hat eine dritte Hand. Das war die Idee

65) Unter „Dialektik" wird seit dem deutschen Philosophen Georg Wilhelm Friedrich Hegel (1770-1831) die Idee verstanden, dass sich die Entwicklung der Welt nur durch das Aufeinandertreffen und Vermitteln der in ihr enthaltenen Gegensätze verstehen lässt.

vom Sebastian Haffner. Er hat darüber einmal einen kurzen Aufsatz geschrieben.

Könnte es also sein, dass sich in der modernen Demokratie etwas Anthropologisches, das wir am eigenen Körper erleben, in einen ideologischen Überbau übersetzt, in die Ideologien von rechts und links? Man sagt: Es gibt Leute, die wollen Sachen machen, Dinge bewegen, produzieren. Man sagt ja auch, dass meistens die Rechten regieren. Früher waren es die Monarchen, die regierten, inzwischen sind es ganz andere. Das können Sowjetbürokraten sein oder Liberale oder Sozialdemokraten. Sobald Sozialdemokraten an die Macht kommen, machen sie jedoch Macherpolitik und wundern sich, dass man sagt, sie gingen politisch nach rechts. Aber dann gibt es immer Leute, die gegenhalten, die sagen: „Ist doch irgendwie Scheiße, was ihr da macht. Oder zumindest ist das nicht gut für das Volk. Da gibt es doch Einwände, die triftig sind." Das ist die Linke. Das wird kompliziert in dem Augenblick, in dem zum Beispiel eine rechte radikale Kritik an der Gesellschaft auftaucht, was seit dem Ende des 19. Jahrhunderts durchaus der Fall war. Aber die hält doch immer an der Macher-Perspektive fest.

Zugespitzt: Rechts geht man von der Macht aus: Die Reichen sollen reicher werden und die Mächtigen mächtiger. Also Hierarchie, Interessen durchsetzen, Handeln, Wirtschaften, Krieg führen. „Machen" (mit der rechten Hand), Klassenkampf von oben, top-down. Links hält man dagegen. Um des Volkes willen und weil Macht eben korrumpiert. Also Kritik, Empörung, Veränderung – und der Versuch, Hierarchien abzubauen, zwar immer wieder vergeblich, aber doch immer wieder sinnvoll. Gegenhalten (mit der linken Hand), Klassenkampf von unten, bottom-up. Auch ist, wie sich nun immer deutlicher zeigt, das linke Gegenhalten notwendig um der Umwelt als Mitwelt willen, um des Überlebens willen.

Die Linke fühlt sich in der Opposition viel wohler, und das mit Recht. Das ist vielleicht ihre grundlegende Aufgabe. Das sage ich auch selbstkritisch mit Blick auf meine heutige Partei, die „Sozialistische Volkspartei" in Dänemark.

Brodkorb: Seit wann sind Sie dort Mitglied?

Eichberg: Seit Mitte der 1990er Jahre. Ich bin seit Mitte der 1990er Jahre im Kulturausschuss beim Parteivorstand. Die Partei strebt eine zukünftige Regierung an, die aus Sozialdemokratie, Sozialistischer Volkspartei plus, wenn sich das machen lässt, den so genannten Radikalen Linken[66], einer bürgerlich-liberalen Mittelpartei, bestehen könnte. Das ist der neue Block, der zukünftig bei Wahlen Erfolg haben könnte. In dem Augenblick würde es einem als konsequentem Linken allerdings unbehaglich. Wir wollen zwar den rechtsbürgerlichen Block in den Ruhestand schicken, der seit 2001 die Reichen reicher macht und die Armen ärmer – und der zudem in der Einwanderungspolitik und mit der Fremdenfeindlichkeit die Politik der Rechtsradikalen verwirklicht. Aber man muss aufpassen, weil in dem Augenblick, in dem man auf die Seite der Macher gerät, man nicht unterschätzen soll, was das für einen selbst bedeuten kann. Dafür ist die sozialdemokratische Geschichte ein lebendes, zum Teil ein tragisches Beispiel.

66) Die „Radikale Venstre" spaltete sich im Jahr 1905 von der liberalen Partei „Venstre" ab und ist heute dem linksliberalen Lager zuzuordnen.

Brodkorb: Wie verhält sich dieses Erklärungsmuster zu der traditionellen These, dass die Linke eher eine Bewegung sei, die sich dem Prinzip der Gleichheit verschrieben hat, während sich die Rechte eher dem Prinzip der Ungleichheit verschrieben hat? Ich weiß, das betrifft jetzt die Ebene der Ideologie und nicht den Bereich des Habituellen ...

Eichberg: ... Ja, das ist Überbau. Das ist aber ein ganz interessanter Aspekt vom Überbau.

Brodkorb: Gut, dann möchte ich die Frage andersherum stellen. Es war ja klar, dass Sie sofort auf den Überbau verweisen. Aber die Praxis ist ja im historischen Materialismus[67] diejenige Instanz, die in irgendeiner Form den Überbau determiniert. Durch welche Praxiserfahrungen ist dieser Ideen-Überbau determiniert?

Eichberg: Diese Frage nach dem Verhältnis von Gleichheit und Ungleichheit ist ein ganz wichtiger Ausdruck von Praxisverhältnissen. Es gibt auch andere Ausdrucksformen, aber die Gleichheitsfrage ist zentral, weil in dem Augenblick, in dem die Macher am Werk sind, egal welche Ideologie man im Gepäck hat, allzu leicht die Gleichheit flöten geht. Das beobachten alle von uns. Du sitzt ja auch im Parlament. Ich gehe jeden Monat sozusagen ein und aus in Christiansborg, dem dänischen Parlament. Da erlebt man das auch von innen, durch die selbstkritischen Erzählungen der Leute. Bei uns in Kopenhagen befinden sich die Parteibüros, also auch das Parteibüro der Sozialistischen Volkspartei, nicht irgendwo in der Stadt, sondern in Christiansborg. Das heißt: Da sitzen sie alle beieinan-

---

67) Von den Kommunisten Karl Marx (1818-1883) und Friedrich Engels (1820-1895) begründete philosophische Lehre, nach der die materiellen Lebensverhältnisse der Menschen auch ihr Denken, ihr Bewusstsein bestimmen.

der und reden über das Volk. Das Volk, das sind die Leute „da draußen im Lande", die zwar gleich sind, aber einige sind eben noch gleicher. Das sind die, die in Christiansborg sitzen, im Parlament oder in dessen Umkreis, in den Parteibüros. Diese Praxis des Machens übersetzt sich, und zwar gegen alle guten Intentionen, die man hat, in eine reale Ungleichheit.

Am krassesten ist sie auf der Europaebene. Das nähert sich beinahe den faschistischen Ungleichheitsvorstellungen, die ich aus meiner Jugendzeit kenne. Da sitzen Leute, die glauben, sie wären die ganz Klugen, das kann auch für Leute meiner eigenen Partei gelten. Die sitzen im Europaparlament und sind angeblich ganz klug. Und dann ist da das Volk ringsherum und weit weg, und die sind zwar offiziell alle gleich, denn wir sind Sozialisten, aber real ist das Volk angeblich irgendwie ein bisschen dumm. Die wissen nicht so richtig, wie das wirklich vor sich geht in der Politik, die müssen immerzu belehrt werden, und insofern hängen Besserwissen und Gleichheit mit Basis und Überbau zusammen.

Neue Rechte und Ethnopluralismus

Brodkorb: Ich möchte noch einmal auf den Wechsel von der Alten zur Neuen Rechten zurückkommen. Für mich ist das eine ideologische Transformation, die sich um das Phänomen des Nationalsozialismus gruppiert. Während die Alte Rechte ein zustimmendes Verhältnis zu Hitler hat, lehnt die Neue Rechte den Hitlerismus ab. Verursacht wird dies durch zwei ideologische Verschiebungen. Einerseits durch die Abwendung von der Annahme von Wertunterschieden zwischen den Völkern – eine Annahme, die im Nationalsozialismus in den Sozialdarwinismus eingebaut war – und andererseits durch die Ersetzung des Biologismus durch den Kulturalismus. Allerdings treten diese Transformationen nicht gleichzeitig, sondern zeitlich nacheinander auf. Alain de Benoist zum Beispiel war anfangs noch Biologist, lehnte Völkerhierarchien aber schon sehr früh ab. Ist das aus Ihrer Sicht eine einigermaßen richtige Beschreibung, und wie sieht das eigentlich in Ihrer Biographie aus? Gibt es diese Transformation bei Ihnen auch?

Eichberg: Ja, schon, aber das Abrücken von der „politischen Biologie" liegt bei mir früher. Zur Biologie gab es bei mir zum Glück meist nur einzelne Sätze, die sich in meinen Schriften der 1960er Jahre finden. In den 1970er Jahren ist das, glaube ich, kaum mehr nachweisbar. Ich will dafür nicht meine Hand ins Feuer legen. Es kann sein, dass sich an der einen oder anderen Stelle auch etwas finden lässt, aber es war nicht mehr von großer Bedeutung. In den 1960er Jahren habe ich jedoch Texte geschrieben, in denen ich versuchte, die biologische Verhaltensforschung intellektuell aufzuarbeiten. An die hatte ich damals große Erwartungen, die sich auf die Dauer nicht einlösten. Das findet sich dann wohl noch in Druckfassungen Anfang der 1970er Jahre.[68]

Brodkorb: Konrad Lorenz und Umfeld?

Eichberg: Ja genau, Konrad Lorenz[69] und Irenäus Eibl-Eibesfeldt[70] hatten ja wirklich etwas zu sagen, aber zugleich leisteten sie doch dem Denken Vorschub, dass es da ein biologisches Substrat gebe, das für das kulturelle Leben bedeutsam sei. Was ich als Kulturalist inzwischen bestreite. Fast täglich haben wir übrigens die Diskussion in unserer Universität, ich sitze mit Biologen in einem Institut, und der methodische Anpassungsdruck im humanwissenschaftlichen Bereich ist stark. Ich bin diesbezüglich sehr radikal geworden. Menschen sind nicht biologisch zu verstehen. Biologie ist eine Konstruktion genauso wie Chemie. Sicher haben wir als Menschen eine chemische Substanz, theoretisch und abstrakt gesehen. Aber daraus kannst du nichts ableiten, denn alles, was wir machen, ist Kultur. Alles! Wir sind auch physikalische Wesen, aber keiner käme auf die Idee, menschliche Praxis

---

68) So bekannte sich Eichberg zum Beispiel im Jahr 1970 zur „wissenschaftlich" fundierten Rassentheorie und Verhaltensforschung, lehnte die Anerkennung von Wertunterschieden zwischen diesen Rassen, hier ganz ethnopluralistisch bzw. strasseristisch, allerdings konsequent ab. Paradoxerweise hielt er die „weiße Rasse" Europas dennoch für technisch und zivilisatorisch überlegen; siehe hierzu Eichberg, Henning (1970): Totale Nation? Europäischer Nationalismus und die Öffnung nach vorn, in: JUNGE KRITIK Band 1, Coburg, S. 9-42, hier S. 21-33.

69) Konrad Lorenz (1903-1989), Nobelpreisträger und Mitarbeiter des „Rassenpolitischen Amtes der NSDAP", war ein einflussreicher deutscher Verhaltensforscher.

70) Irenäus Eibl Eibesfeldt (1928-2018), deutscher Verhaltensforscher, war Schüler von Konrad Lorenz.

mit Mitteln der Physik zu erklären. Physik, Chemie und Biologie liegen auf einer ganz anderen Ebene als unser menschliches Handeln. Das sollten wir ganz radikal sehen. Aber diese meine Radikalität hat sich erst über die Jahre hin entwickelt. Das betrifft sowohl die Wende hin zum Kulturalismus als auch die Kritik jeder Bewertung, die letztlich auf Hierarchien zuläuft.

Das ist der Punkt, an dem bei mir der Ethnopluralismus hereinkommt. Ich bin unlängst begriffshistorisch zurückgegangen zu meinen Schriften aus dem Jahre 1973, in denen ich das Wort „Ethnopluralismus" zuerst benutzt habe.[71] Damals ging es mit dem Begriff darum, Gleichheit herzustellen und Hierarchien abzuweisen. Europa war in meinem früheren rechten Denken die Spitze des Fortschritts, die Spitze der Welt, was fatalerweise im Rahmen der Fortschrittsideologien durchaus auch ein linker Gedanke ist. Aber nein, so herum können wir das nicht sehen. Sondern Ethnopluralismus bedeutet, dass alle Völker, ich sage das ganz unreligiös, unmittelbar zu Gott sind.[72]

Brodkorb: Können Sie das vielleicht noch etwas ausführlicher beschreiben? Die Biologie des Menschen spielt in Ihrem heutigen Weltbild also keinerlei relevante Rolle mehr, zum Beispiel auch nicht bei den Geschlechtern? Und worin genau besteht nun der diesbezügliche Unterschied zum Eichberg zwischen, sagen wir, 1968 bis 1972?

---

71) Siehe bspw. Eichberg, Henning (1973): Entwicklungshilfe: Verhaltensumformung nach europäischem Modell?, in: ders.: Nationale Identität, München-Wien 1978, S. 39-86, S. 72 sowie ders.: Ethnopluralismus. Eine Kritik des naiven Ethnozentrismus und der Entwicklungshilfe, Junges Form 5/73, S. 3-12.

72) Die Formulierung geht auf den deutschen Historiker Leopold von Ranke (1795-1886) zurück, der sie allerdings auf historische „Epochen" bezogen hat.

Eichberg: Die Geschlechtlichkeit des Menschen ist ein gutes Beispiel für diese Problematik. Zum einen deklariert man Geschlecht als „Natur" und die Aufteilung in Frauen und Männer sei eine biologische Gegebenheit. (Für biologisch erklären die Rassisten auch die Völker und Nationen.) Aber wohl nirgends im menschlichen Leben ist die Geschlechtlichkeit uns als rein biologisches Faktum zugänglich. Mann und Frau – oder auch etwas Drittes – treten immer in einem kulturellen Verhältnis auf, auch der Transvestit. Also sagen andere, Geschlecht sei „nur eine Konstruktion". (So sagt man ja auch manchmal über Volk und Nation, das sei nur eine „erfundene Tradition", eine „imaginierte Gemeinschaft" oder so.) Aber wer ist das Subjekt dieser Konstruktion? Können wir uns geschlechtlich einfach umkonstruieren? Indem wir uns einfach als etwas anderes „imaginieren" oder „erfinden"? Doch wohl kaum. Also ist hier ein dritter Weg zu denken: Geschlecht als identitäre Praxis – wer wir sind und was wir tun, kulturell tun. Das habe ich bestimmt um 1970 nicht so differenziert gesehen, nicht so trialektisch.

Damals war ich – wie auch viele auf der „anderen" Seite – gefangen in der dualen Frage: Biologie oder Umwelt? Genetik hier drinnen oder Anerzogenes von draußen? Aber nein, Kultur ist drinnen, in uns Menschen. Wir müssen das Dritte denken.

Brodkorb: Was dieses „Dritte" genau sein soll, ist mir nun aber noch immer nicht sehr viel klarer. Es gibt doch im Grunde nur drei Modelle für das Verhältnis von biologischer Natur und Kultur beim Menschen: 1.) Die Kultur eines jeweiligen Menschen ist durch seine biologisch-rassische Grundausstattung determiniert. So dachte der harte Kern des Nationalsozialismus. 2.) Die biologische Natur des Menschen steckt so etwas wie einen Rahmen ab, innerhalb dessen der Mensch seine kulturelle Identität frei wählen kann. Der Mensch kann so zwar aus biologischen Gründen vieles nicht, was andere Tiere können, aber er ist nicht a priori durch die Natur darauf festgelegt, was er im Rahmen seines Möglichkeitsraumes konkret aus seinem Leben macht. 3.) Es gibt gar keinen zwingenden Zusammenhang zwischen der biologischen Natur des Menschen und seiner kulturellen Betätigung, die biologische Natur erscheint selbst als kulturell interpretiert und konstruiert. Wie würden Sie den alten und den heutigen Henning Eichberg diesen Modellen zuordnen, oder gibt es gar ein viertes?

Eichberg: Wenn wir „Biologie" sagen, dann ist damit bereits eine kulturelle, kulturspezifische und kulturrelative Aussage getan. Die Aussage ist unter anderem historisch relativ. Bis zum 18. Jahrhundert hat man zum Beispiel nicht von Biologie gesprochen. Da gab es die „Naturgeschichte", und das war etwas anderes. Michel Foucault[73] hat das im Einzelnen gezeigt. Was am Menschen „biologisch" sei, ist also immer eine kulturelle Konstruktion, hierunter eine sprachliche Konvention. Wenn wir heute sagen, dass „die Natur uns auf etwas festlege", dann ist das eine kulturelle Aussage und ebenso kulturrelativ, als ob man sagte, dass „Gott uns auf etwas festlegt".

Man darf daher gern am Menschen herummessen, aber jede Verallgemeinerung auf das Gattungswesen Mensch schlechthin verbietet sich, solange man nicht alle

---

73) Michel Foucault (1926-1984) war ein bedeutender französischer Philosoph der Linken und Begründer der „Diskursanalyse".

kulturellen Varianten und Subvarianten des Menschen daraufhin getestet hat. Und wer wäre dazu schon in der Lage? Also heißt es schön bescheiden sein und seine Grenzen erkennen. Oder um es provozierend zu sagen: Es gilt, nicht von „dem Menschen" zu sprechen oder von „der Biologie des Menschen", sondern von den Menschen (im Plural) und von Gruppen von Menschen, von den menschlichen Kulturen, von den Völkern.

Brodkorb: Sie sagten vorhin, dass bei Ihnen der Begriff des Ethnopluralismus verwendet wurde, um Hierarchien zwischen den Völkern abzuweisen. Das klingt dann aber irgendwie doch wie eine Art Post-Strasserismus.

Eichberg: Otto Strasser hat da schon frühzeitig ein paar Andeutungen gemacht, das ist sozusagen die starke Seite von Strasser.[74] Ob das speziell von Strasser war, da bin ich im Zweifel. In der Zwischenkriegszeit gab es nationalrevolutionäre Strömungen, die sich zum antikolonialen Nationalismus in Indien, Indonesien, China und Arabien hin öffneten. Schüddekopf hat das in einem größeren Zusammenhang beschrieben.[75]

Brodkorb: Haben Sie denn die Schriften Strassers intensiv rezipiert oder eher nicht?

Eichberg: Nicht intensiv. Ich habe in den fünfziger Jahren die „Deutsche Freiheit"[76] gelesen. Das Problem der Strasser-Aufsätze in der „Deutschen Freiheit" war, dass sie

---

74) Siehe zum Beispiel den aus dem Jahr 1931 stammenden Text Strasser, Otto (2013): Aufbau des deutschen Sozialismus, Hanau.

75) Schüddekopf, Otto Ernst (1960): Linke Leute von rechts. Die nationalrevolutionären Minderheiten und der Kommunismus in der Weimarer Republik, Stuttgart.

76) Die „Deutsche Freiheit" war von 1956 bis 1960 die Parteizeitung der DSU.

immer einseitig außenpolitisch waren und zur Gesellschaftsdebatte nur wenig beigetragen haben. Außerdem hatte Strasser merkwürdige ständestaatliche Vorstellungen, die ich zwar ganz interessant fand, die aber bald für mich völlig verquast wirkten. Ich denke, Strasser wird oft überschätzt. Es handelt sich wohl eher um eine Mythenproduktion innerhalb der Rechten, wie sie auch für mich gilt. Ich bin ja auch nicht so wichtig. Mit mir wird alles Mögliche verbunden, und das streichelt die persönliche Eitelkeit. Man hat das ganz gerne, aber man muss sich auch gleichzeitig kritisch fragen, wie hoch der Anteil der Mythenbildung dabei ist. Das gilt auch für Strasser.

Allerdings fällt mir nun noch ein Buch von Strasser ein, das ich von den DSU-Leuten erhielt und mit einigem Gewinn gelesen habe: „Europa von morgen".[77] Es war aber wohl eher untypisch für Strasser. Das Buch handelte von Tomáš Masaryk[78], der ursprünglich so etwas wie ein national-demokratischer Sozialist war und dann tschechischer Präsident und Nationalheld wurde. Das Vorwort hatte der sudetendeutsche Sozialdemokrat Wenzel Jaksch[79] geschrieben. Strasser verfasste das Buch wohl im Prager Exil, möglicherweise als Auftragsarbeit für die Masaryk-Leute – das Buch war jedenfalls eine unkritische Jubelschrift: „Masaryk ist Europas Führer". Ein Stück tschechischer antinazistischer Propaganda in deutscher Sprache, könnte man sagen – Masaryk war bei den Nazis

77) Strasser, Otto (1939): Europa von morgen. Das Ziel Masaryks. Zürich.

78) Tomáš Garrigue Masaryk (1850-1937) war tschechischer Philosoph und Politiker, von 1918 bis 1935 Staatspräsident der Tschechoslowakei.

79) Wenzel Jaksch (1896-1966) war deutschböhmischer, sozialdemokratischer Politiker und gehörte von 1929 bis 1938 dem tschechoslowakischen Abgeordnetenhaus an.

ja sehr verhasst. Aber Strasser betonte auf seine eigene Weise den Dreiklang von Nationalismus, Demokratie und Sozialismus bei Masaryk – er eignet ihn sich also an. Er hob auch stark Masaryks Pazifismus, Humanismus und seinen Kampf gegen den Antisemitismus hervor. Es ist jedoch nicht gerade dieser Zusammenhang, den Strasser später weiter verfolgt hat.

Neopositivismus und Kulturrelativismus

Brodkorb: Ich versuche zusammenzufassen: Der Unterschied zwischen der Alten und der Neuen Rechten ist für den heutigen Henning Eichberg eher ein habituelles Problem, eine Frage des Verhältnisses zum Bürgerlichen. Auf der ideologischen Ebene hat sich das damals durchaus in der Diskussion „Natur contra Kultur" und „Wertung contra Relativismus" abgebildet. Was ist aber der Grund dafür, von der Wertung und von der Hierarchie zum Relativismus, von der Ungleichheit zur Gleichheit überzugehen? Ich sehe dies durch eine erkenntnistheoretischen Umschwung innerhalb der Rechten verursacht: Armin Mohler[80] spricht von der „nominalistischen Wende"[81], Alain de Benoist rezipiert die relativistisch-positivistische Erkenntnistheorie des Wiener Kreises,[82] der auch Sie sich im Grundsatz angeschlossen haben.[83] In der Folge sind der Neuen Rechten somit die theoretischen Instrumentarien verloren gegangen, um Wertungen überhaupt noch rechtfertigen zu können. Oder was meinen Sie?

80) Armin Mohler (1920-2003) ist ein bis heute in der neurechten Szene bedeutender Schweizer Publizist, ehemals Privatsekretär des Schriftstellers Ernst Jünger (1895-1998).

81) Mohler, Armin (2001): Die nominalistische Wende – Ein Credo, in: ders.: Der Streifzug, Schnellroda, S. 167-195. Der „Nominalismus" geht bereits auf Diskussionen im Mittelalter zurück. Seitdem wird in der Philosophie darüber gestritten, ob allgemeinen Begriffen eine eigene Wirklichkeit entspricht (Realismus) oder ob es sich lediglich um Konstruktionen in unseren Köpfen handelt (Nominalismus).

82) de Benoist, Alain (1979): Fondement nominalistes d'une attitude devant la vie, in: Nouvelle Ecole, Nr. 33, S. 22-30.

83) Singer, Hartwig (1973): Logischer Empirismus, in: Nationalismus ist Fortschritt. JUNGE KRITIK 3, Hamburg, S. 88-132.

Eichberg: Das ist eine lustige Theorie. Über die muss ich mehr nachdenken.

Brodkorb: Aber es ist doch ganz offenkundig. Schauen Sie sich beispielsweise Rudolf Carnap[84] und den Logischen Empirismus an: Für ihn zählen normative Sätze zur Metaphysik, und diese ist angeblich nichts anderes als eine große Märchensammlung.[85] Die Behauptung von Wertunterschieden zwischen Völkern oder „Rassen" ist jedoch ein normativer Satz und somit nach Carnap ein „Märchen". Der Ethnopluralismus, das Bestreiten der Wertunterschiede zwischen den Völkern, ist bloß die logische Folge dieser Erkenntnistheorie.

Eichberg: Ich weiß, ich war gefesselt sowohl von den Schriften des Wiener Kreises als auch vom frühen Ludwig Wittgenstein[86]. Ich stehe dem Positivismus[87] inzwischen jedoch grundlegend kritisch gegenüber. Ich habe im Zusammenhang mit der Phänomenologie[88] eine antipositivistische Wende durchgemacht. Daran arbeite ich in der neueren Zeit, das ist eine ganz andere philosophische Richtung.

84) Rudolf Carnap (1891-1970) war deutscher Philosoph und bedeutender Vertreter des Logischen Empirismus des „Wiener Kreises".

85) Carnap, Rudolf (1961): Der logische Aufbau der Welt – Scheinprobleme in der Philosophie, Hamburg.

86) Gemeint ist der noch idealsprachlich orientierte, frühe Wittgenstein: Wittgenstein, Ludwig (1969): Tractatus logico-philosophicus. Logisch-philosophische Abhandlung, Frankfurt am Main.

87) Philosophische Lehre, gemäß der sich unsere Erkenntnisse nur auf Erfahrungstatsachen stützen.

88) Eine von Edmund Husserl (1859-1938) gegründete philosophische Schule, nach der die Grundlagen der Erkenntnis in den Phänomenen, den Erscheinungen wurzeln. Dass Eichberg die Phänomenologie ohne weitere Erläuterung in scharfen Gegensatz zum Positivismus bringt, ist zwar begründungsbedürftig, soll an dieser Stelle aber nicht weiter vertieft werden.

Brodkorb: Orientieren Sie sich an der neueren Phänomenologie[89], oder was genau machen Sie da jetzt?

Eichberg: Ich nenne das differenzielle Phänomenologie, es geht um Unterschiede und Typologien. Das ist aber eine größere philosophische Diskussion, die können wir mal bei Gelegenheit aufgreifen. In meinem Buch „Bodily Democracy"[90] sind da erste Hinweise, aber das ist ein umfassenderes Programm, an dem ich jetzt arbeite. Wenn ich es auf einen Punkt bringen soll: Der Positivismus hat immer darauf abgestellt, die richtigen Antworten zu geben. Es sind irgendwelche Fakten gegeben und diese sollen zu Antworten transformiert werden. Das Problem ist, dass es diese Fakten nicht gibt. Es gibt kein einziges „objektives Faktum" in unserer ganzen menschlichen Kultur. Jede „faktische" Aussage ist abhängig von der Frage und von der Deutung, also relativ. Daher ist zunächst einmal die Qualität der Frage entscheidend, auf die kommt es an. Darüber steht z. B. in diesem wunderbaren Werk von Ludwig Wittgenstein, dem „Tractatus logico-philosophicus", nichts. Es geht ihm alles um die richtigen Antworten, aber nicht um die passenden Fragen. Dass an unseren Universitäten so viel Plattes herauskommt, hat damit zu tun, das wir die Qualität der Fragen nicht ordentlich bearbeiten. Das ist meine grundlegende Kritik an dem Positivismus, von dem ich herkomme.

Aber damals war ich fasziniert, das ist ganz richtig. Es war wohl Alain de Benoist, der mir damals sowohl den Wiener Kreis als auch die Philosophie von Bertrand Rus-

89) Die „Neue Phänomenologie" ist eine von Hermann Schmitz (1928-2021) begründete philosophische Schule, die vor-theoretische, vor allem leibliche Selbsterfahrungen als Schlüssel zum Zugang zur Welt interpretiert.

90) Eichberg, Henning (2010): Bodily Democracy – Towards a Philosophy of Sport for All. London – New York.

sell[91] vermittelt hat. Da haben Sie, glaube ich, eine Sache zu fassen, die mir selbst noch nicht so klar war: dass diese Art von positivistischem Vorgehen jedenfalls alle Hierarchien in Frage stellt. Meine ganze Arbeit ist seitdem die Kritik der Hierarchien, auch dort, wo ich ganz konkret kulturhistorische Studien betreibe. Es geht zum Beispiel gegen die Pyramiden im Sport, dagegen mobilisiere ich das Bild der Labyrinthe und die fraktale Geometrie. Es geht immer gegen die Pyramiden und gegen die Hierarchien, und das kann durchaus von daher kommen. Aber selbstverständlich ist das Überbau, das ist Philosophie.

Brodkorb: Irgendwann schlägt diese gesamte Positivismus-Debatte dann um in die Postmodernismus-Debatte. Ich glaube, die Lektüre von Michel Foucault spielt bei Ihnen eine Rolle. Als wie groß würden Sie nachträglich den Einfluss der Postmoderne-Debatte auf das Ethnopluralismus-Konzept einschätzen? Haben Sie damals auch Lyotard[92] gelesen? Oder hat dieser ohnehin nur gesagt, was längst allseits in der Luft lag?

Eichberg: Erst möchte ich gerne noch etwas anderes dazu sagen, denn wir sind bei einer Überbau-Debatte. Und die Frage ist weiterhin die folgende: Gibt es denn in der Basis irgendwelche Erfahrungen, die es überhaupt jetzt erst möglich machen, eine solche Wende zu vollziehen – außer, dass ich Alain de Benoist lese, der sich seinerseits mit den Autoren des Wiener Kreises beschäftigt hat, woraufhin ich ebenfalls auf den Wiener Kreis stoße und Ludwig

---

91) Bertrand Arthur William Russell (1872-1970), Nobelpreisträger für Literatur, war ein britischer Philosoph und Mathematiker und gilt als einer der Väter der (sprach)analytischen Philosophie.

92) Jean-François Lyotard (1924-1998) war ein einflussreicher französischer Philosoph der Linken und gilt als Begründer der postmodernen Philosophie.

Wittgenstein sowie Bertrand Russell (so herum ist das damals gelaufen)? Was ist denn die Grundlage dafür? Es könnte die Dritte-Welt-Bewegung des Jahres 1968 gewesen sein, Trikont[93]. Dies veränderte die Perspektiven. Plötzlich ist da kein Platz für dieses hierarchische Europa mehr, das an der Spitze der Welt steht. Sondern plötzlich bewegt sich das alles auf neue Weise. Ob man nun Lyotard liest oder nicht...

Brodkorb: Wenn Sie das Argument ernst nehmen, dass es keine Fakten gibt, sondern nur Konstruktionen, dann müssen Sie ja bereits mental auf eine bestimmte Weise disponiert, vorbereitet gewesen sein, um dann das Auftreten der Dritte-Welt-Bewegung entsprechend zu verarbeiten. Daran würde sich übrigens auch nichts ändern, wenn sich bei Ihnen beides gleichzeitig abgespielt hätte. Dass man den Protest von Dritte-Welt-Staaten überhaupt als Problem für die eigene politische Identität anerkennt, setzt doch voraus, dass man sein Denken gegenüber dem Denken des europäischen Imperialismus in irgendeiner Form bereits korrigiert haben muss. Die Dritte-Welt-Bewegung kann ein Anlass sein, aber keine Ursache, denn ihn als Anlass zu akzeptieren, setzt bereits voraus, ihn zu einem relevanten Faktum gemacht zu haben. Es muss der Relativismus, als Ebene der Gleichheit, zuvor bereits in irgendeiner Form vorhanden sein, damit die Dritte-Welt-Bewegung eine Art Verstärkereffekt spielen kann.

Eichberg: Das ist interessant und näher zu durchdenken. Aber ich vermute doch, es geht im Prinzip genau anders herum, also unser Denken folgt auf die Veränderungen.

93) Auf der politischen Linken in den 1960er und -70er Jahren weit verbreitete Alternativbezeichnung für „Dritte Welt". Beabsichtigt war, mit der neuen Wortschöpfung jedwede Überlegenheitsgeste gegenüber Afrika, Asien und Lateinamerika – eben dem „Trikont" – zu vermeiden.

Zunächst sehen wir, dass sich die koloniale Welt entkolonialisiert. Das versetzt uns erst einmal in Angst und Schrecken, das weiß ich noch von mir selbst. Das waren für mich als ganz jungen Menschen Schreckensbilder: Oh je, jetzt kommen die Schwarzen. Das konnte das hierarchische Denken verstärken und neokoloniale, auch Europa-faschistische Phantasien anstiften. Aber dann kommt da eine ganz neue Faszination. Plötzlich ist die Welt voller faszinierender Gestalten. Plötzlich ist die Welt größer und nicht mehr so überschaubar und geordnet, wie von dieser europäischen, hierarchischen Position aus. Ich könnte mir vorstellen, dass es so herum läuft. Obwohl man mit dieser weltpolitischen Perspektive immer noch ziemlich weit weg ist von der Praxis eines jungen Menschen. Ich denke, man muss mehr danach fragen, was da passiert ist in unseren Sozialverhältnissen, in unseren inkorporierten Identitätsprozessen – und dann beginnt das Denken, sich entsprechende Muster zu suchen. Dann erst stößt man auf Alain de Benoist, den „Wiener Kreis", den Relativismus, die postmodernen Philosophen ...

Postmoderne und Enthierarchisierung

Brodkorb: Vielleicht erläutere ich noch einmal, warum ich Sie überhaupt mit der Postmoderne traktieren möchte. Mir erscheint die Neue Rechte als eine genuin postmoderne Erscheinung. Der logische Empirismus legt das erkenntnistheoretische Fundament des Relativismus. Die Alte Rechte im Sinne Hitlers war radikal antimodern, hat die Aufklärung attackiert. Die Neue Rechte hingegen treibt die Aufklärung und ihre neuzeitliche Wissenschaftskonzeption auf die Spitze. Sie akzeptiert das neuzeitliche Wissenschaftssystem und sagt dann: „Wenn man das alles ernst nimmt, dann sind die in die Moderne eingebauten Hierarchien und Pyramiden gar nicht mehr begründbar, ebenso wenig normative Systeme wie die Menschenrechte." Dann kommt die Postmoderne hinzu, die ja selbst auch relativistisch argumentiert. Sie ergänzt den Relativismus um den Kulturalismus. So erklären sich geistesgeschichtlich aus meiner Sicht die beiden Wenden von der Alten zur Neuen Rechten. Und das ist rückblickend doch eine ganz paradoxe Situation: Eine eigentlich politisch links verortete postmoderne Bewegung liefert der Neuen Rechten ihr theoretisches Rüstzeug, die philosophischen Welten beginnen zu konvergieren. Daher stellt sich natürlich automatisch die Frage: Haben Sie Lyotard gelesen, Foucault usw.? Haben Sie dort den relativistischen Kulturalismus her oder ist er dadurch zumindest verstärkt worden?

Eichberg: Also, Lyotard habe ich nicht gelesen, aber Michel Foucault hat für mich eine ganz zentrale Rolle gespielt. Meine Habilitation von 1976,[94] die dann 1978 herauskam, folgte einem Foucaultschen Muster. Darauf hatte mich damals ein befreundeter Professor aufmerksam gemacht, der nach einem Vortrag von mir sagte: „He, das ist doch angewandter Foucault" – wovon ich gar nichts wusste. Dann bin ich seinem Hinweis gefolgt und habe Foucaults „Die Ordnung der Dinge"[95] gelesen. Und tatsächlich, das, was Foucault für die Wissenschaftsgeschichte gezeigt hat, habe ich gemacht für die Sportarten. Meine Habilitationsschrift „Leistung, Spannung, Geschwindigkeit" zeigt im Prinzip dasselbe Ergebnis: dass um 1800 ein Bruch stattfindet in der Praxis der Menschen. Also nicht nur in den Diskursen, wie Foucault das zunächst beschreibt, sondern auch in der Praxis, also an der Basis. Die Leute haben z. B. angefangen anders zu reiten. Früher hatten sie geometrische Formen geritten, jetzt reiten sie nach der Stoppuhr. Wo man sich zuvor in zierlichen Formen des Degenfechtens gemessen hatte, fangen die Leute an zu boxen und rechnen es sogar nach Punkten aus. Und wo man zuvor alle möglichen Ballspiele gespielt hatte, z. B. eine Art Ballhaustennis im höfischen Bereich, da spielt man seitdem Fußball und zählt Torverhältnisse. Leisten, zählen, Tempo. Es entstehen also neue Praxisformen, die aber zunächst völlig untheoretisch sind. Die hat kein Philosoph angestoßen. Die Welt wird anders – Revolution...

Daher gehört Foucault, als Philosoph dieser Revolution, für mich zur Grundliteratur. Und wenn ich meinen Studenten empfehle, welche Philosophie sie lesen sollten,

94) Eichberg, Henning (1978): Leistung, Spannung, Geschwindigkeit. Sport und Tanz im gesellschaftlichen Wandel des 18./19. Jahrhunderts. Stuttgart.

95) Foucault, Michel (1966): Die Ordnung der Dinge, Frankfurt am Main.

dann gehört unter vier, fünf Autoren Foucault dazu. Durch ihn kommt in der Tat der Relativismus herein und man hat keinen festen Grund mehr unter den Füßen. Hinzu kommt aber noch etwas anderes, das für mich eine größere Rolle gespielt hat im politischen Bereich, die Frankfurter Schule[96] mit ihrer „Dialektik der Aufklärung". Dort, bei Horkheimer und Adorno, wird ebenfalls die westliche Überlegenheit entthront, indem sie darauf hinweisen, dass die Unmenschlichkeit im zwanzigsten Jahrhundert letztlich auch das Produkt der Aufklärung war. Das ist der Kern, den Jürgen Habermas[97] immer kleinzureden versucht, indem er die Aufklärung verteidigt. Aber Adorno und Horkheimer stellen in dieser Beziehung ganz fundamental die Aufklärung infrage. Wenn ich heute also meinen Studenten eine Lektüreempfehlung gebe, dann sage ich Foucault, Frankfurter Schule, Phänomenologie, Norbert Elias[98] und Pierre Bourdieu.

Brodkorb: Lassen Sie uns die Debatte noch einmal zuspitzen. Man muss ja begründen, warum es diese Hierarchien nicht gibt. Mir scheint, in der ersten Phase der Neuen Rechten erfolgt die theoretische Begründung durch den Logischen Empirismus. Da ihm normative

96) Die „Frankfurter Schule" ist eine von den Philosophen Theodor Wiesengrund Adorno (1903-1969) und Max Horkheimer (1895-1973) gegründete, post-marxistische Denkrichtung. Als ihr vielleicht wichtigster Text gilt: Adorno, Theodor W./Horkheimer, Max (1971): Dialektik der Aufklärung, Frankfurt am Main. Der aus den 1940er Jahren stammende Text thematisiert bereits die Selbstzerstörung der Aufklärung und gilt als Vorläufer der späteren „Postmoderne".

97) Der Soziologe Jürgen Habermas (geb. 1929) entstammt selbst der „Frankfurter Schule", distanzierte sich später allerdings in der von Eichberg beschriebenen Weise von ihren Gründungsvätern.

98) Norbert Elias (1897-1990) war ein deutsch-britischer Soziologe.

Satzsysteme nicht als wissenschaftliche gelten, tritt über
den Verzicht auf Wertungen der Relativismus in den politischen Horizont ein. Dieser Ansatz wird dann aber später in so eine postmodern-subjektivistische Erkenntnistheorie überführt. Während im Logischen Empirismus
nur die wissenschaftlich begründete Existenz von normativen Satzsystemen bestritten wird, bestreitet der postmoderne Kulturalismus die Existenz objektiver Fakten überhaupt, einschließlich des Bereichs des Normativen. Die
Welt wird von uns konstruiert – und zwar in spezifischen
kulturellen Kontexten, das haben Sie ja selbst eben ausführlich beschrieben. Der Relativismus im Bereich des
Normativen bleibt dabei erhalten, wird nun aber anders
begründet. Aus dieser Konstellation ergibt sich eine Frage: In Ihrem Buch „Abkoppelung"[99] beschreiben Sie als
die entscheidende Frage nach der nationalen Identität der
Deutschen nicht die Wiedervereinigung, sondern die
Verteidigung des deutschen „Eigenen" gegen imperialistische Angriffe aus der Sowjetunion oder den Vereinigten
Staaten. In Ihrem Buch „Nationale Identität" schreiben
Sie ein paar Jahre zuvor in Anlehnung an Wittgenstein,
dass Identitäten nicht auswechselbar sind, weil sie quasi
kulturell programmiert werden. Wie kann Henning
Eichberg dann eigentlich freiwillig nach Dänemark gehen? Im Sinne eines kohärenten Selbstkonzeptes erscheint das absurd. Widerlegen Sie damit in der Praxis
nicht Ihre theoretischen Schriften?

Eichberg: Ja, vielleicht, aber der entscheidende Punkt ist
nicht so sehr, ob es die Identität überhaupt gibt oder wo-

99) Eichberg, Henning (1987): Abkoppelung. Nachdenken über die neue
deutsche Frage, Koblenz.

her sie eigentlich kommt oder wie absolut sie ist. Das Entscheidende ist, dass es sie in der Mehrzahl gibt. Identität, das sind immer Identitäten im Plural. Deutsche Identität ist überhaupt nur denkbar, weil es z. B. auch eine dänische gibt. Genau auf dieser Schiene bin ich in Dänemark angekommen. Die Dänen haben mich auch deshalb hierher geholt, nicht nur aus akademisch-fachlichen Gründen, sondern weil es da gleichzeitig die Leute aus den Volkshochschulen gab, die meine Studien zur Identität lasen. Für die war das interessant, weil es darum ging, die Vielfalt von Identitäten deutlich zu machen, die sozusagen ihr eigenes Recht hat. Das ist für mich heute immer noch aktuell.

Identität – im Gefängnis der Sprache?

Brodkorb: Das ist doch nicht plausibel, Herr Eichberg. Wir könnten jetzt „Nationale Identität" zur Hand nehmen und Stellen zitieren, in denen Sie sich auf Wittgenstein oder Whorf[100] berufen, die letztlich ein „Gefängnis der Kultur", ein „Gefängnis der Sprache" konstruieren, aus dem angeblich niemand ausbrechen kann. Das ist in dieser Weltsicht erkenntnistheoretisch zwingend. Nach dem kulturalistisch-sprachphilosophischen Konzept werden Menschen in bestimmte Kontexte hineingeboren und mit ihrer Kulturalisierung überhaupt erst erkenntnisfähig gemacht. Sie sagten ja selbst: Auf die Fragen kommt es an, also auf den Horizont, von dem ausgehend man gedanklich die Welt durchschreitet. Man wird also kulturell konditioniert – Wittgenstein spricht wortwörtlich von „abrichten" – , in deutscher Sprache, mit deutscher Körperkultur, mit deutschen Sitten, Traditionen usw. usf. Das erkenntnistheoretische Kernargument lautet dann: Aus diesem Gefängnis kann niemand ausbrechen. Jeder Versuch, sich eine andere Kultur anzueignen, führt demnach zu einer Art mentalem Imperialismus, weil man sich die andere Kultur immer nur in den bereits durch eine andere Identität geprägten Begriffen und Konzepten erschließen kann. Da sind wir ganz schnell wieder bei Foucault. Mit anderen Worten: Würden Sie Ihren Ansatz selbst wirklich ernst nehmen – nicht nur als Überbau, sondern auch als Basis –, könnten Sie gar nicht

---

100) Benjamin Lee Whorf (1897-1941) war US-amerikanischer Linguist und Philosoph, der das „linguistische Relativitätsgesetz" formulierte. Dahinter verbirgt sich die Annahme, dass das Denken der Menschen bloß eine Funktion ihrer Sprache, die wiederum durch ihren kulturellen Kontext bestimmt ist.

hier leben, insofern Sie sich die hiesige Kultur gar nicht aneignen, nicht einmal verstehen können. Dazu müssten Sie nämlich einen dritten Standpunkt einnehmen können, den es aber nur außerhalb des Gefängnisses gibt, das Sie aber nicht verlassen können. Es gibt jetzt nur zwei Möglichkeiten: Entweder Sie haben ihre Position verändert und sagen, diese Idee, dass man aus der Kultur nicht ausbrechen, den anderen nicht verstehen kann, ist falsch. Oder der Wechsel von Henning Eichberg nach Dänemark wäre großer Verrat an der eigenen Position.

Eichberg: Das ist interessant, sehr interessant. Ich finde das gut, dass Sie es so zuspitzen. Ich habe dazu zwei Bemerkungen, eine textkritische und eine substanzielle. Zur Textkritik: Die Sachen, die ich damals geschrieben habe, entsprechen selbstverständlich heute nicht mehr dem Stand der Dinge, sondern sind der Stand von gestern. Im Grunde stecken schon in dem Eichberg von „Nationale Identität" noch zwei unterschiedliche Eichbergs drin.

Aber nun zur Sache selbst: Begegnung zwischen Kulturen ist Übersetzung. Übersetzung ist aber unmöglich. Ich schreibe jetzt seit fast 30 Jahren überwiegend nicht in meiner Muttersprache, sondern ich schreibe überwiegend auf Dänisch. Und dabei stelle ich fest: Ich kann meine eigenen Sachen nicht übersetzen, ich kann sie nur übertragen. Übersetzung ist letztlich unmöglich, ist ein unmögliches Projekt, aber sie ist zugleich notwendig, weil wir miteinander sprechen wollen. Ich will mit meinen Kollegen, mit meinen Freunden usw. sprechen, also mache ich etwas Unmögliches, ich übersetze. Aber es ist eben zugleich unmöglich. Genau genommen sind es immer ganz komplizierte Übertragungen, bei denen ich eigentlich etwas ganz anderes sage, als ich in meiner eigenen Sprache sagen würde, und diese sprachliche Entdeckung an mir hilft mir sehr, dieses Paradoxon zu begreifen. Mit diesem Paradoxon müssen wir einfach leben.

Ich stelle z. B. fest, dass ich hier nach 30 Jahren in Dänemark immer wieder gebeten werde, die dänischen Verhältnisse im Ausland zu erklären. Zuletzt sind auch Texte von mir in London erschienen. Warum werde ich dazu aufgefordert, warum ist das meine Rolle hier? Ja, gerade weil ich selbst kein eingeborener Däne bin und Dänemark dadurch vielleicht besser erklären kann als die Dänen selbst. Ich glaube andererseits nicht, dass ich dadurch, dass ich jetzt 30 Jahre hier gelebt habe, Däne geworden bin. Auch wenn ich jetzt die Staatsbürgerschaft wechseln würde, würde ich kein Däne werden. Meine Leute ringsherum würden mich nun nicht plötzlich als Dänen ansehen, sondern eben als einen Deutschen, der die dänische Staatsbürgerschaft angenommen hat.

Brodkorb: Sie würden also selbst sagen, dass Sie ein Deutscher in Dänemark sind, der aufgrund seiner Distanz und gleichzeitigen Vertrautheit mit dieser Kultur ihre Spezifität viel präziser beschreiben kann als die Dänen selbst?

Eichberg: So ungefähr.

Brodkorb: Das heißt also, dass Sie gar nicht die dänische Identität annehmen müssen, um sich hier wohl zu fühlen, um hier leben zu können, sondern dass Sie quasi so etwas wie ein interkultureller Botschafter und ein Fremdversteher sind. Verstehen wäre dann möglich, ohne die entsprechende Identität annehmen zu müssen. Aber das ginge doch nur, wenn Sie zugleich zentrale Positionen aus „Nationale Identität" räumten. Dort haben Sie ja noch bestritten, dass man als Fremder etwas kulturell Fremdes überhaupt verstehen kann.

Eichberg: In der Tat. Das ist zu nuancieren.

Brodkorb: Aber bleibt Ihre heutige Rede nicht trotzdem selbstwidersprüchlich? Denn wirkliches Verstehen, also Nachvollziehenkönnen, was und wie der andere denkt, setzt ja doch die Möglichkeit des gelingenden Übersetzens voraus. Wir verwenden doch das Wort „verstehen" in diesem spezifischen Sinne: Verstanden haben wir nur dann wirklich etwas, wenn wir genau das nach-denken können, was der Andere gemeint hat. Wenn Sie aber wirkliches Übersetzen für unmöglich halten, dann müssten Sie doch auch wirkliches Verstehen für unmöglich halten, denn das eine geht nicht ohne das andere?

Eichberg: Ist Übersetzen identisch mit Verstehen? Daran zweifle ich. Ich nehme mal ein Beispiel aus meinem Fach, aus der Körperkultur. Im Deutschen haben wir zwei Worte, „Körper" und „Leib", und die bezeichnen Verschiedenes. Wir sagen Himmelskörper und Körpergeometrie (und nicht Himmelsleib, Leibesgeometrie oder Festleibphysik), aber im christlichen Abendmahl sagt man: Das ist mein Leib... (und nicht: Das ist mein Körper...). Die Worte „Leib" und „Körper" haben also einen unterschiedlichen Bedeutungshorizont. So unterschiedlich, dass deutsche Philosophen – erst Phänomenologen und dann die Kritische Schule – daraus Körperphilosophie gemacht haben, und die hat internationale Bedeutung gewonnen. Wie kann man aber das Verhältnis der zwei Körper übersetzen und verstehen in anderen Sprachen, wo es nur einen einzigen Körperbegriff gibt, z. B. auf Englisch „body" oder auf Französisch „le corps". Kann man eben nicht. Aber man kann es versuchen zu übertragen, indem man in der anderen Sprache künstlich-philosophisch entsprechende Zweiheiten konstruiert

– aber die haben dann wieder andere sprachliche Untertöne. Ich bin auf das Problem gestoßen, weil wir auch im Dänischen zwei Körperbegriffe haben, „krop" und „legeme". Die verhalten sich jedoch nur teilweise zueinander wie „Körper" und „Leib", zum Teil aber auch umgekehrt. Das Ganze ist also grundlegend nicht übersetzbar.

Damit man nun nicht sagt, die deutsche Sprache sei eben allgemein differenzierter, ein Gegenbeispiel: Im Deutschen haben wir nur ein Wort für „Spiel". Im Englischen spricht man hingegen von „play" und „game", im Dänischen von „leg" oder „spil". Damit kann man unterscheiden: Tiere spielen (play, leg), aber sie spielen nicht (game, spil). Auf Deutsch klingt das absurd, man kann es sprachlich so nicht unterscheiden. Andererseits hat man gerade in Deutschland Spieltheorien hervorgebracht, die darauf beruhen, dass Spiel und Spiel, also play und game, eines seien. Diese deutschen Theorien haben ebenfalls große internationale Bedeutung bekommen, aber sie sind letztlich unübersetzbar.

Was ist also die Pointe? Es geht darum, die Unübersetzbarkeit zu verstehen. Das Andere kann man vielleicht gar nicht verstehen – da ist jedenfalls Bescheidenheit angebracht. Aber die Andersheit sollten wir verstehen, otherness, Alterität. Das wird hochbrisant in einer Zeit, da verschiedene Großkulturen einander begegnen. Darum bedeutet es mir viel, dass meine vorläufigen Beobachtungen in Japan auf Japanisch und in China auf Chinesisch rezipiert worden sind. Was da aber konkret in was übersetzt worden ist – ich weiß es nicht...

Brodkorb: Ich glaube, nun haben wir beide miteinander ein Übersetzungsproblem, aber vielleicht ist das didaktisch sehr hilfreich. Sind Verstehen und Übersetzen dasselbe? Gewiss nicht, ich habe ja auch etwas anderes gesagt, nämlich dass das eine die Voraussetzung des anderen ist, was logisch voraussetzt, dass beide nicht identisch sein können. Die Sache ist doch im Grunde ganz einfach: Wenn zwei Menschen einander verstehen wollen, müssen sie – metaphorisch gesprochen – dieselbe Sprache sprechen. Ist dies nicht der Fall, müssen sie übersetzen. Ist also Übersetzen unmöglich, dann auch Verstehen. Das ist eine ganz simple, logische und vor allem zwingende Überlegung, der man nicht entkommen kann.

Die Beispiele, die Sie anführen gegen die prinzipielle Möglichkeit des Übersetzens, beruhen auf der Verwechselung eines Wortes mit einem Begriff. Ein Begriff drückt einen einsehbaren Sachverhalt aus, ein Wort hingegen ist bloß ein Zeichen für einen Begriff. Es ist also unbestreitbar, dass das Wort „Spiel" im Deutschen anders verwendet wird als die Wörter „play" und „game" im Englischen. Aber folgt daraus, dass Deutsche und Briten einander nicht verstehen können, wenn sie sich über die Sache selbst, also das Spielen, unterhalten? Natürlich nicht. Wenn man sich auf der Ebene der Begriffe nicht prinzipiell verstehen könnte, dann hätten Sie ja auch nicht die unterschiedlichen Verwendungsweisen der Worte, also der bloßen Namen der Begriffe, analysieren können. Die Differenzen in der Verwendungsweise der bloßen Worte in verschiedenen Sprachen konnten Sie nur deshalb aufzeigen, weil Sie zuvor erfolgreich verstanden und ebenso erfolgreich übersetzt haben. Denn: Worüber haben Sie ansonsten angesichts angeblicher Unübersetzbarkeit und daraus folgender Unverstehbarkeit gesprochen? Und ich finde es paradox, dass Ihnen nicht auffällt, dass Sie sich in

Ihren argumentativen Beweisketten selbst widerlegen, indem Sie, um die Unmöglichkeit von x zu beweisen, die Wirklichkeit von x voraussetzen (müssen).

Damit es keine Missverständnisse gibt: Ich will ja nicht behaupten, dass das Übersetzen und das Verstehen triviale Dinge seien. In der Tat lässt sich trefflich darüber streiten, ob Übersetzungs- und Verstehensvorgänge häufiger ge- als misslingen. Aber sie sind eben nicht unmöglich – und sie sind vor allem kein sozusagen ethnopluralistisches Problem, also kein Problem, das erst zwischen „Ethnien" auftaucht. Auch Sie und ich sprechen nicht dieselbe Sprache. Auch wir beide verwenden die Worte der deutschen Sprache unterschiedlich, weil wir zu anderen Zeiten sozialisiert wurden, andere Bücher gelesen haben, in anderen Sprachgemeinschaften verkehren usw. usf. Das Übersetzungs- und Verstehensproblem also, das Sie ansprechen, besteht zwischen allen Menschen, auch der gleichen Sprache, auch zwischen uns, auch bei einem Menschen mit sich selbst, jedenfalls im Zeitverlauf. Ich habe aber nicht das Gefühl, dass wir beide uns am Ende nicht verstehen können. Es mag manchmal mühsam sein, aber es ist prinzipiell möglich. Wären das Übersetzen und das Verstehen nämlich aus erkenntnistheoretischen Gründen prinzipiell unmöglich, hätte es auch keinen Sinn mehr, dass wir beide uns miteinander unterhielten.

Das betrifft übrigens auch das Verstehen des Anderen, die Alterität. Nimmt man den Kulturalismus wirklich ernst, dann gibt es keine Alterität mehr, und schon gar kein Verstehen dieser. Wenn ich meinen spezifischen mentalen Horizont nie verlassen kann, weil das Kulturgefängnis, in dem ich seit Geburt Insasse bin, ausbruchssicher ist, woher soll ich dann wissen, was sich außerhalb des Gefängnisses abspielt? Wenn meine mentalen Begriffe und Operationen immer schon teutonisch-okzidental überformt und insofern kultur-relativ sind, wie soll ich mir dann zum Beispiel einen Begriff von der chinesischen Kultur machen? Jeder Versuch, diese zu verstehen, würde vor dem Hintergrund des Kulturalismus immer zu einem bloßen Akt der Selbstauslegung verkommen. Ich würde also das Chinesische in teutonisch-okzidentalen Begriffen und Kategorien zu verstehen versuchen – und damit per definitionem stets verzerren und verfehlen. Gerade der ethnopluralistische Kulturalismus kann den Anderen als Anderen nicht mehr erfassen, ja, nicht einmal dessen Existenz sinnvoll nachweisen. Unser Missverständnis führt so nicht nur zu einer eindrucksvollen Selbstwiderlegung des Kulturalismus, sondern zugleich des Relativismus. Denn um dies alles feststellen zu können, bedarf es eines Ortes außerhalb des Gefängnisses – und damit eines objektiven dritten Standpunkts.

Eichberg: Es bedarf einer Beziehung, aber eben nicht eines „objektiven" Ortes. Martin Buber[101] hat in seinem kleinen Hauptwerk „Ich und Du" dafür eine klassische Beschreibung geliefert. Der „objektive Standpunkt" ist eine naive, selbst-zentrierte Annahme – auf die Beziehung kommt es an. Von der Beziehung her gesehen gibt es auch nicht das „Gefängnis" im Eigenen, sondern die Relation zwischen Fremdem und Eigenem.

---

101) Martin Buber (1878-1965) war ein österreichischer jüdischer Religionsphilosoph. Siehe: Buber, Martin (2008): Ich und Du, Stuttgart.

Linker Ethnopluralismus?

Brodkorb: Die „Postmodernisierung" der Betrachtung des Verhältnisses des „Eigenen" zum „Fremden" ist eingebettet in den gesellschaftlichen Prozess der Globalisierung, sie würden darin vielleicht die Praxis-Basis des Relativismus-Überbaus sehen. Diese bringt auch die politische Linke in schwere Identitätsprobleme. Irgendwann begann die Neue Rechte vor dem Hintergrund der Globalisierung, den Vielfaltsdiskurs zu übernehmen, das reicht bis in die NPD hinein. Im Prinzip könnte man sagen: Der einzig relevante Unterschied zwischen Ethnopluralisten und Multikulturalisten ist derjenige, *wo* sie jeweils Vielfalt verorten wollen. Der eine preist die Vielfalt auf der globalen Ebene als Selbstzweck, der andere im Rahmen der Nationen. Beide agieren lediglich auf unterschiedlichen Ebenen, aber beide verherrlichen die Differenz. Für die Linken löst das deshalb ein massives Identitätsproblem aus, weil die Vermischung im Rahmen der Nationen irgendwann keine konturierten Kulturen mehr übrig lässt – zumindest gedanklich – und das Ganze damit auf ein Konzept der Selbstzerstörung der Vielfalt hinausläuft. Angesichts dieser Lage stellt sich doch die Frage: Kann es so etwas wie einen linken Ethnopluralismus geben? Und wenn ja, was würde ihn von seinem rechten Geschwisterkind unterscheiden?

Eichberg: Das habe ich in meinem Buch „The People of Democracy"[102] versucht zu beantworten. Das Buch ist entstanden durch meinen Unterricht an einer Volkshoch-

---

102) Eichberg, Henning (2004): The People of Democracy. Understanding Self Determination on the Basis of Body and Movement. Århus.

schule. Nach dem Fall der Mauer kamen Jugendliche aus Osteuropa zu uns nach Dänemark, um hier zu lernen, was Demokratie sei. Ich habe jahrelang an der Volkshochschule Gerlev in deren Kursen Theorie und Philosophie des demokratischen Lebens unterrichtet. Das war hochkompliziert: Ein Deutscher in Dänemark, der aber nichts mit der ziemlich rechtslastigen deutschen Volksgruppe in Dänemark zu tun hat, erklärt Polen und Tschechen die dänische Demokratie. Und das auf Englisch.

Vor allem habe ich den dänischen Volksbegriff erklärt, der nicht identisch ist mit dem deutschen Volksbegriff, aber doch etwas verwandt. So wurde „The People of Democracy" ein Buch über den Volksbegriff. Wenn man es philosophisch nimmt, handelt es sich dabei um die Linie Herder-Grundtvig-Buber. Das sind die Grundsäulen, auf denen es aufbaut. Bei Johann Gottfried Herder[103] gibt es „Rechts" und „Links" noch nicht, aber Nikolai Grundtvig[104] saß im Parlament links außen, und Martin Buber war jüdischer Sozialist. Das ist eine linke Tradition, das Volk zu denken, Volk und Identität zu denken. Das ist bisher mein Hauptbuch in diesem Bereich, und es behandelt genau diese Fragen, die Sie mir gestellt haben.

Brodkorb: Auch wenn wir das hier nicht alles in extenso behandeln können, wären ein paar konkrete Ausführungen schon gut. Spitzen wir es wieder zu. Die Ethnopluralisten sagen: „Wir wollen keine kulturelle Durchmi-

---

103) Johann Gottfried Herder (1744-1803) war ein deutscher Dichter und Kulturphilosoph. Teile seiner Schriften können als frühe Form des Ethnolpluralismus gedeutet werden. Daher nimmt es nicht wunder, dass Herder in der rechten intellektuellen Szene immer wieder fester Bezugspunkt ist.

104) Nikolai Frederik Severin Grundtvig (1783-1872) wär dänischer Schriftsteller und Philosoph. Auf ihn geht die Gründung der dänischen Volkshochschulen zurück.

schung, also schmeißen wir die Ausländer raus." Was macht denn jetzt die Linke, holt die alle rein? Und was würde das, in der Sprache von Henning Eichberg, bedeuten für „volkliche Identität"? Gibt es einen linken Ethnopluralismus? Wenn ja, wie sieht der aus? Was macht die Linke im Angesicht der Globalisierung? Europäischer Einheitsstaat oder nicht? Einwanderung oder nicht? Volkliche Identität oder nicht?

Eichberg: Die Linke ist in dieser Beziehung im Streit mit sich selbst, und das ist auch logisch – und doch schade zugleich. Die Rechte ist aber auch mit sich uneins. Die klassische Rechte holt die Ausländer rein, um daraus ein Subproletariat aufzubauen, weil sie damit ihre Geschäfte macht – und die einheimische Arbeiterklasse spaltet. Das ist die klassische Rechte des Kapitalismus, und sie betrieb Einwanderungspolitik als Klassenkampf von oben, Lohndrückerei durch eine neue ethnische Arbeiterklasse. Und dann gibt es die Neue Rechte, die das ablehnt. Aber ist sie nun ethnopluralistisch – oder sagt sie das nur? Die Pluralität im eigenen Bereich erkennt sie gerade nicht an, also handelt es sich allenfalls um einen staatlich halbierten Ethnopluralismus: Draußen Vielfalt ja, aber hier drinnen Uniformität.

Die Rechte und die Linke sind in dieser Frage also in sich gespalten. Was tun? In der Sozialistischen Volkspartei gehen wir gegen die Abschottungsstrategien der rechten Regierung vor. Auf die Integration kommt es an. Das ist der Hauptpunkt. Die Sozialdemokratie wackelt immer dazwischen. Die zählen wir aber nicht unbedingt zur Linken, eher zur linken Mitte oder so. Die entscheidende Frage ist also eine andere: Wie begegnen wir eigentlich den Anderen, wenn sie nun mal hier sind? Wie organisieren wir die Integration, das Übersetzen, das Verstehen?

Brodkorb: Also keine Assimilation?

Eichberg: Nein, aber übersetzen, also miteinander sprechen.

Brodkorb: Gut, wenn dann aber in einer Welt ohne Grenzen immer mehr kommen, was ist dann irgendwann noch dänische „volkliche Identität"? Wie sieht die aus?

Eichberg: Das ist eine offene Frage. Das wissen wir nicht.

Brodkorb: Verabschiedet sich denn der heutige Henning Eichberg vom Begriff der nationalen Identität?

Eichberg: Nein. Die nationale Identität in Dänemark ist besonders überzeugend. Das hat vielleicht auch mit dieser Judengeschichte zu tun, mit der Besonderheit, dass Dänemark – obwohl es auch hier früher einmal Anzeichen von Antisemitismus gegeben hat – dem Antisemitismus nie eigentlich eine Chance gegeben hat. Einer meiner Freunde gehört zu denen, die im Zweiten Weltkrieg als Kind in Dänemark bleiben konnten und als „Däne" versteckt wurden, während seine Eltern als Juden nach Schweden gingen. Die Wiederkehr der Eltern 1945 und damit die Wiederkehr der jüdischen Identität wurde ihm ein Trauma, und damit kämpft er sich bis heute ab.

Das ist ein Phänomen, über das alle möglichen Leute nachgrübeln: Wie konnte es sein, dass das dänische Volk seine Juden rettet? In den Niederlanden ist das nicht geschehen: ein schönes demokratisches Land voller Judenverfolger. Aber in Dänemark passiert das. Dänen bringen fast alle ihre Juden über den Öresund nach Schweden, wo sie gerettet werden. Das ist eine tolle Geschichte. Aus meiner Sicht – und übrigens auch aus der Sicht jüdischer Soziologen – hat das etwas mit dem Volksverständnis Grundtvigs zu tun, das man als einen linken Nationalismus der gleichzeitigen Verständigung beschreiben könnte. „Folk" und „Volk" – eben nicht übersetzbar, und das ist nicht nur eine Sache auf dem Papier.

Kulturalismus, Zusammenleben
und Verstehen

Brodkorb: Wenn man das alles zusammenfasst, dann scheint sich doch Folgendes festhalten zu lassen: Sie sind nach wie vor ein Kulturalist und ein Anhänger des Begriffs der nationalen Identität, deshalb sind Sie auch gegen Assimilation. Sie befürworten stattdessen die Anwesenheit des „Fremden" im „Eigenen" und die Verständigung zwischen beiden, obwohl echtes Übersetzen und damit Verstehen nach Ihrer Auffassung gar nicht möglich, aber zugleich notwendig ist. Eine präzise Antwort auf die Frage, ab wann die Anwesenheit des „Fremden" im „Eigenen" zum Problem für das „Eigene" wird, können Sie dabei nicht geben. Wäre es aus Ihrer Sicht korrekt zu sagen, dass Sie noch immer ein Ethnopluralist sind, und zwar einer von links? Der Unterschied zum Ethnopluralisten von rechts wäre dabei ein doppelter: Einerseits denken Sie Ihren Ethnopluralismus „von unten" her, basisdemokratisch und gegen politische Hierarchien im „Eigenen", andererseits plädieren Sie für die Akzeptanz des „Anderen" im „Eigenen", während die ethnopluralistische Rechte – jedenfalls in ihrer ganz strikten Fassung – dazu neigt, das „Andere" oder „Fremde" aus dem ethnischen „Körper" auszuscheiden.

Eichberg: Ja, Ethnopluralismus ist links. Er richtet „von unten her" das Augenmerk auf die Verschiedenheit. Rechts denkt man Verschiedenheit von oben her. Rechter „Ethnopluralismus" ist insofern widersprüchlich, er ist staatlich halbiert. Sie finden das behandelt in meinem neuesten Buch „Minderheit und Mehrheit".[105]

Ein Grundbegriff des Ethnopluralismus ist Anerkennung. Und Anerkennung ist komplex. Anerkennung der Anderen setzt Selbstanerkennung voraus. Und umgekehrt: Ohne Anerkennung der Anderen gibt es keine Einsicht in die eigene Identität. Das gilt auch im eigenen Bereich, wo das Andere mitten unter uns ist – deswegen ist die Geschichte der Juden so zentral für ein Verständnis.

Brodkorb: Finden Sie es vor diesem Hintergrund nicht plausibel, dass einem das Konzept der ethnopluralistischen Rechten zumindest kohärenter vorkommen kann als Ihr Weltbild? Die könnten ja im Grunde sagen: „Herr Eichberg, d'accord. Die Menschen werden in ihren jeweiligen kulturellen Kontexten kognitiv abgerichtet. Da echtes Übersetzen selbst nach Ihren eigenen Worten nicht möglich ist, ist auch echtes Verstehen nicht möglich. Wo Verstehen nicht möglich ist, ist Zusammenleben nicht möglich. Ergo: Wer uns nicht versteht, gehört nicht zu uns, wer nicht zu uns gehört, muss gehen. Andernfalls riskiert er, dass er aufgrund kultureller Inkompatibilitäten eins auf die Nase bekommt." Das klingt doch logisch kohärenter als Ihr Plädoyer für die Akzeptanz des „Fremden" im „Eigenen" bei gleichzeitiger Anerkennung der Unmöglichkeit echter Verständigung, und ohne dass Sie ein Kriterium dafür benennen können, ab wann dies für das „Eigene" zum Problem wird?

Eichberg: Da ist eben ein Unterschied zwischen Verstehen und Zusammenleben. Wir können und müssen zusammenleben, auch ohne einander zutiefst zu verstehen.

---

105) Eichberg, Henning (2011): Minderheit und Mehrheit. Münster. Darin: „Ethnopluralismus – eine antikoloniale Begriffsgeschichte" S. 151-155.

Das gilt wohl seit jeher für die Geschlechter. Man bemüht sich zwar – und sollte sich auch bemühen – aber ... Und es gilt für die sozialen Klassen oder das, was die dänische Ethnologie (ähnlich wie Bourdieu) die Lebensformen genannt hat. Wir akademischen Beobachter aus der „karriereorientierten" Lebensform sollten uns bloß nicht einbilden, wir verstünden die Lebensform des Lohnarbeiters oder des selbstständigen Landwirts oder die verstünden uns. Das sind Welten des Unterschieds. Und dennoch können – und sollten – wir als akademische Linke uns für die Arbeiterklasse einsetzen.

Brodkorb: Sind denn Ihr linker Ethnopluralismus und der Multikulturalismus identisch oder nicht? Wie genau stellen Sie sich zum Beispiel die Integration von 50.000 Indern in die dänische Gesellschaft vor und wie im Gegensatz hierzu der Multikulturalist?

Eichberg: Ethnopluralismus und Multikulturalismus haben ein Wichtiges gemeinsam: die Anerkennung des Anderen. Integration ist eine andere Frage. Aber sie setzt Anerkennung voraus, anders geht das nicht. „Integration" ohne Anerkennung wäre Assimilation, Kolonisierung.

Individualismus, Demokratie und Menschenrechte

Brodkorb: Kurz und knapp zugespitzt könnte man sagen, dass im Ethnopluralismus dem Ethnos ein Vorrang gegenüber dem Individuum zugesprochen wird. Letzteres ist ja auch nur das Produkt des Ethnos, ihm also nachgelagert. Wegen dieses Nachrangs des Individuums gegenüber dem Kollektiv gilt der Ethnopluralismus in der Politikwissenschaft häufig per definitionem als antidemokratisch – zumindest im Sinne der bundesrepublikanischen Verfassungsordnung. Ein demokratischer, gar linker Ethnopluralismus erscheint vor diesem begrifflichen Hintergrund als Selbstwiderspruch. Was entgegnen Sie solchen Einwänden?

Eichberg: Das Verhältnis von Demokratie und Individualismus ist grundlegend ein Problem. Und die in Westdeutschland gängige Identifizierung der beiden kann man wohl als ein Grundübel der westdeutschen Demokratie ansehen. Letztlich stammt sie aus dem rechten bürgerlichen Liberalismus und damit aus nichtdemokratischen, potentiell sogar antidemokratischen Quellen: Jeder ist seines eigenen Glückes Schmied. Nein, das sind wir aber eben nicht.

Ich empfehle meinen Studenten darum, auch in analytischer Hinsicht das Wort „Individuum" ganz zu vermeiden. Wir Menschen sind weder „unteilbar" (das steckt in dem Wort in-divid) noch vereinzelte Monaden. Lasst uns stattdessen vom „Menschen" sprechen und von der „Person" – das ist immer etwas im Plural, sozial und relational. Menschen sind zum Beispiel immer Frauen oder Männer oder etwas Drittes, aber nie abstrakt individuell geschlechtslos. Das bedeutet keineswegs, dass das Geschlecht ein Gefängnis oder dass die Person nachgeordnet sei. Dasselbe gilt für Klassenzugehörigkeit und für die ethnisch-volkliche Identität. Auch ethnisch ist niemand geschlechtslos. Deswegen ist die Verbindung von Demokratie und Individualismus eine fatale Konstruktion – lasst uns das Gerede von Anthony Giddens und Ulrich Beck vergessen.[106]

Brodkorb: Ein letzter wichtiger Punkt: Wenn es keine Fakten gibt und alles konstruiert ist, was ist dann der Status der Menschenrechte?

Eichberg: Das ist für mich einer der Hauptpunkte, an dem ich mit der „Nouvelle Droite" immer uneinig war, deren Kampf gegen die Menschenrechte. Was sind denn eigentlich diese Menschenrechte? Es ist ganz richtig zu sagen, dass alles, was wir theoretisch produzieren, kulturell relativ ist. Insofern haben auch diejenigen Asiaten, die gegen die Menschenrechte Einwände erheben, irgendwo Recht. Sie sagen: Das sind europäische Konstruktionen. Aber wenn wir genauer hinschauen auf das, was man als Menschenrechte formuliert hat, dann ist das ein offener Prozess, der weiterläuft. Was Menschenrechte sind, ist letztlich nicht autoritativ definiert, sondern das ist ein Prozess.

Wenn wir die Menschenrechtserklärung der UNO von 1948 zur Hand nehmen, dann fällt außerdem daran auf, dass sie nicht so eindeutig nur individualistische Konstrukte enthält, wie man von beiden Seiten – pro und contra – unterstellt hat. Zwar ist der Individuumsbegriff

106) Der Brite Anthony Giddens (geb. 1938) und der Deutsche Ulrich Beck (1944-2015) sind zwei bedeutende Soziologen der Postmoderne.

problematisch, aber die einzelne Persönlichkeit mit ihren Rechten, die ist wichtig. Wenn man nun genauer hinschaut auf die Menschenrechte, dann behandeln sie die Persönlichkeit nicht, als ob sie sozusagen allein wäre in der Welt. Sondern sie postulieren auch das Recht, sich zu seiner Nationalität zu bekennen, das Recht, zu einer Volksgruppe zu gehören, das Recht, zu einer Familie zu gehören, das Recht, Gruppen zu bilden, das Recht, Kultur auszuüben. Der Mensch ist nicht allein auf der Welt, und ich denke, das ist ein Grundkommentar zu den Menschenrechten.

Die Menschenrechte sind dort, wo sie richtig durchdacht sind und auch schon die Zeichen von Übersetzung zwischen den Kulturen in sich tragen, also eine wichtige Angelegenheit. Von daher habe ich es richtig gut mit den Menschenrechten. Und ich schüttele immer den Kopf darüber, wieso deren Ablehnung sozusagen das Hauptthema bei Alain de Benoist[107] ist und wieso andere sich da so erhitzen können. Aber das sind eben doch Rechte.

Brodkorb: Sie stimmen mit Alain de Benoist offenbar darin überein, dass die Menschenrechte nicht objektiv aus einer „menschlichen Natur" abgeleitet werden können, sondern kulturrelative Konstruktionen von Menschen sind. Ihr Einwand gegen eine Kritik der faktischen Menschenrechte ist lediglich, dass Sie darauf verweisen, dass das Recht auf kollektive Identität und kulturelle Differenz bereits in den Menschenrechten enthalten sei. Der Ethnopluralismus findet also nach Ihrer Meinung bereits in den Menschenrechten Anknüpfungspunkte. Ich möchte Sie nun zu einem Gedankenexperiment ein-

107) De Benoist, Alain (2004): Kritik der Menschenrechte. Warum Universalismus und Globalisierung die Freiheit bedrohen, Berlin.

laden: Es enthält keinerlei logischen Widerspruch anzunehmen, dass es einmal einen Zeitpunkt geben kann, zu dem alle Völker dieser Erde imperialistische Ziele verfolgen, wirklich alle. Nehmen wir an, diese Völker verständigen sich außerdem auf eine „Charta des Sozialdarwinismus". Darin ist nur von einem einzigen Recht die Rede, nämlich vom Recht des Stärkeren. Es gibt dort darüber hinaus weder andere individuelle noch kollektive Menschenrechte und erst recht kein Recht auf kulturelle Identität und Differenz der Völker. Nehmen wir nun außerdem an, dass zu diesem Zeitpunkt ein gewisser Henning Eichberg leben würde mit genau den Gedanken, die er auch heute hat. Wenn Menschenrechte immer nur kulturell relativ „wahr" sein können, also in einem bestimmten kulturellen und historischen Kontext und dieser Kontext sozialdarwinistisch wäre, dann wäre dieser Henning Eichberg mit seinem Menschenrecht auf kulturelle Identität und Differenz schlicht im „historischen Unrecht", wie Ernst Nolte[108] wohl sagen würde. Die einzige Frage, die ich nun habe: Würde sich dieser Henning Eichberg dann tatsächlich hinstellen und sagen: „Tja, Leute, Ideen können nur kulturrelativ wahr sein. Da unsere Kultur imperalistisch und sozialdarwinistisch geprägt ist, sind natürlich meine Überlegungen für ein Recht auf Identität und Differenz, ist meine Ablehnung von Hierarchien zwischen den Völkern – im Moment – völliger Blödsinn. Lasst uns daher dem Recht des Stärkeren huldigen, bis vielleicht wieder andere Zeiten kommen."?

Eichberg: Das ist ein aufschlussreiches Gedankenexperiment, und es bewegt sich nicht nur im luftigen Raum des

---

108) Ernst Nolte (1923-2016) war ein bedeutender, umstrittener deutscher Historiker und Faschismustheoretiker.

Gedankens. Im Jahr 1938, auf dem Höhepunkt des europäischen Faschismus, war das ziemlich real. Damals gingen breite Kreise des Bürgertums zum Sozialdarwinismus und zum Recht des Stärkeren über, und so etwas wie den Menschenrechten hätte man keine Chance gegeben.

Die Frage ist deshalb so bedeutsam, weil sie darauf aufmerksam macht, dass die Menschenrechte nicht an bestimmte bürokratisch beschlossene Formeln gebunden sind. Weder an die UN-Deklaration von 1948 noch an die ominöse „freiheitliche demokratische Grundordnung" (FDGO). Die Menschenrechte haben tiefe Wurzeln in der modernen Demokratie. Also nicht in abstrakten Naturrechten, sondern in der Geschichte der Völker, in der demokratischen Revolution seit gut 200 Jahren. Und sie sind links, insofern sie formulieren, es gelte gegenzuhalten gegen die Machthaber, die Reichen und Privilegierten.

Brodkorb: Ihnen scheint das Gedankenexperiment zwar „aufschlussreich", aber Sie haben sich am Ende leider gar nicht darauf eingelassen. Daher noch einmal: Würde der heutige Henning Eichberg als konsequenter Wahrheits- und Kulturrelativist, wenn es – abgesehen von ihm selbst – nur noch Sozialdarwinisten auf der Welt gäbe, akzeptieren, dass der Ethnopluralismus dann eine falsche Position wäre und seine Meinung ändern, also selbst auch ein überzeugter Sozialdarwinist werden – denn „wahr" sind Aussagen ja angeblich immer nur im Verhältnis zu einem bestimmten kulturellen und historischen Kontext?

Eichberg: So zugespitzt gibt das Gedankenexperiment allerdings keinen Sinn. In der Welt ist die moderne Demokratie nun einmal gelandet mit dem Postulat der Menschenrechte und der Anerkennung des Anderen. Demgegenüber mag sich starker Gegenwind bemerkbar machen, wie eben in der Epoche des Faschismus oder andeutungsweise unter den Prämissen des neoliberalen Weltkapitalismus. Aber eine sozialdarwinistische Homogenität der Kulturen wäre eine abstrakte Annahme – eine Art Dystopie, Science Fiction. Gut als Film, weniger gut als Soziologie. Uns bleibt die Herausforderung des Relativismus.

Extremismus, Radikalismus –
und der Zorn

Brodkorb: Heute definieren Sie sich also als radikal links, was auch immer das genau bedeutet. Sie waren nie ein Neonazi, also niemals ein Hitleranhänger?

Eichberg: Stimmt.

Brodkorb: Waren Sie denn jemals ein Rechtsextremist?

Eichberg: Ich war rechtsradikal, da mache ich einen Unterschied. Es gibt einen Unterschied zwischen Extremismus und Radikalismus. Radikalismus bedeutet, wie das Wort sagt, eine Sache an der Wurzel zu packen. Extremismus bedeutet hingegen Verfeindung und – in der konkreten Praxis – andere Menschen persönlich und in der Konsequenz auch körperlich anzugreifen. Extremismus hat mit Gewalt zu tun, Radikalismus im Prinzip überhaupt nicht. Ich habe kein Problem mit meiner damaligen rechtsradikalen Identität im Sinne meiner Gesamtpersönlichkeit, obwohl es mir heute inhaltlich ein Problem ist. Wäre ich Rechtsextremist, Gewalttäter gewesen, dann hätte ich ein Problem als Person. Als ehemaliger Rechtsradikaler habe ich auch heute kein Problem damit, mich mit einem Rechtsradikalen zu unterhalten. Bei einem Rechtsextremisten wäre es schon etwas anderes, mit einem Linksextremisten auch. Oder doch auch nicht?

Ich habe selbst einen Sohn, der einer ziemlich extremen, gewalttätigen Szene angehört hat, bei den Autonomen in Kopenhagen. Er ist dafür auch ins Gefängnis gekommen. Es gab dazu vor ein paar Jahren eine große Sache und in deren Zusammenhang tauchte plötzlich mein

Name auf. Ein krimineller dänischer Nazi wurde von Autonomen in Kopenhagen auf der Straße niedergestochen und kam dabei fast um. Die Polizei bekam als einzigen meinen Sohn zu fassen, er kam vor Gericht und wurde zu einem Jahr Gefängnis verurteilt. Ein Journalist der „Politiken"[109] kam nun auf die Idee, dass da eine familiäre Psychohistorie dahinter stecken müsse. Mein Sohn hätte, als er den Nazi niedergestochen habe, eigentlich seinen Vater treffen wollen. Das sah er bald gründlich widerlegt, auch in den Gerichtsverhandlungen. Da war ich nämlich mit meinem Sohn zusammen und ich habe meinen Sohn sehr lieb, obwohl ich ihn immer gewarnt habe vor diesen Gewaltexzessen. Plötzlich wird ein Nazi niedergestochen und fast getötet, das war eine harte Sache. Ich habe oft mit meinem Sohn gesprochen und merkte, wie wenig man durch Sprechen weiter kam. Man muss einander einfach lieb haben. Das ist mein lieber Sohn, an dem ich Wohlgefallen habe. Er hat etwas gemacht, das ich gar nicht gut fand und dann hat er sehr dafür bezahlen müssen. Er zahlt sein ganzes Leben lang dafür.

Das kann man als ein Zeichen dafür sehen, wie auch zwischen Extremismus und Radikalismus die Sachen fließend sein können. Dennoch sind es zwei verschiedene Phänomene. Wenn ich mich selbst bezeichnen soll, dann würde ich also sagen: „Ja, ich war rechtsradikal und das finde ich heute verkehrt." Richtig rausgekommen aus dem Radikalismus bin ich aber insofern nicht, als ich heute ein Linksradikaler bin. Wenn ich zur Mitte gehören würde (und wenn es denn überhaupt eine Mitte gäbe), dann würde ich zur radikalen Mitte gehören. *(lacht)*

109) Dänische Tageszeitung.

Brodkorb: Das wäre auch ein schöner Titel für ein Buch und zeigt doch eine gewisse habituelle Konstanz in Ihrem Leben.

Eichberg: Wir haben, wie gesagt, das Extremismusproblem auch auf der Linken. Darin liegt eine philosophische Herausforderung. In dieser Hinsicht ist Peter Sloterdijks Buch über den Zorn aufschlussreich.[110] Ich bin nicht ganz seiner Meinung, ich finde es ist zu antikommunistisch geschrieben, einseitig antikommunistisch, das gefällt mir nicht. Aber in der Sache hat er Recht. Zorn ist ein wichtiges Phänomen. Und ich entdeckte etwas Persönliches: Ich war wohl Zeit meines Lebens zornig.

Sloterdijks Problem ist jedoch ein Mangel an phänomenologischer Präzision: Was ist Zorn im Verhältnis zu Wut? Indignation? Empörung? Hass? Ressentiment? Kritik? Wenn man nicht differenziert, sieht man nicht den Unterschied zwischen Extremismus und Radikalismus. Das macht Sloterdijk nicht klar, das sind beides für ihn Zorn-Phänomene. Damit mag er allgemein vielleicht Recht haben, aber es hilft nicht weiter in der Analyse, da müssen wir nämlich Unterschiede machen. 1968 hatte ich zum Beispiel auch ziemlich extremistische Untertöne. Die wollen viele heute nicht gerne zur Kenntnis nehmen. Ganz deutlich beim Kult um Che Guevara[111], der war Extremist – er hat wohl eigenhändig Menschen umgebracht. Rudi Dutschke hat zwar niemanden umgebracht, aber das, was er geschrieben hat, war manchmal dicht am

---

110) Peter Sloterdijk (geb. 1947) ist ein einflussreicher deutscher Gegenwartsphilosoph. Sloterdijk, Peter (2008): Zorn und Zeit, Frankfurt am Main.

111) Ernesto Che Guevara (1928-1967) war Marxist und neben Fidel Castro (1926-2016) einer der zentralen Führer der kubanischen Revolution.

verbalen Extremismus, an der gewalttätigen Verfeindung, nicht nur am Radikalismus.

Brodkorb: So etwas findet man in einigen Ihrer Texte aber auch.[112]

Eichberg: Ja genau, das ist es ja. Es gab bei mir in den sechziger Jahren auch einige verbale Entgleisungen. Die blieben zum Glück literarisch, wie bei Dutschke. Mit realer Gewalt hingegen hatte ich nie etwas zu tun. Dafür bin ich den historischen Umständen dankbar. Denn es hätte auch anders kommen können...

Brodkorb: Herzlichen Dank für das Gespräch.

---

112) Siehe beispielsweise Sievers, Thorsten (1964): In meinem Panzer, in: Nation Europa 2/1964, S. 59.

Erwähnte Literatur
(von Henning Eichberg erstellte Bibliographie)

Bartsch, Günter (1975): Revolution von rechts? Ideologie und Organisation der Neuen Rechten. Freiburg: Herder.

- ders. (1990): Zwischen allen Stühlen. Otto Strasser. Eine Biographie. Koblenz: Bublies.

Breton, André (1955): Les manifestes du surréalisme. Paris: Saggittaire.

Buber, Martin (1923): Ich und Du. Nachdruck 1973 in: Buber: Das dialogische Prinzip. Heidelberg: Schneider.

Eichberg, Henning (unter dem Namen Hartwig Singer) (1967): Nationalismus ist Fortschritt. Eine Studie über die jungen fortschrittlichen Nationalisten in Frankreich um die Zeitschrift Europe-Action. Themenheft: Junges Forum, 1/67.

- ders. (1968): Rechtsopposition in Schweden – Konservative Kritik in einer ziellosen Gesellschaft." Themenheft: JF 2/68.

- ders. (1969): Mai 68 – Die französischen Nationalisten und die Revolte gegen die Konsumgesellschaft. Themenheft: Junges Forum, 1/69.

- ders. und Karl O. Paetel (1971): „Ein Briefwechsel." In: Gesprächsfetzen, 1/1971, dazu Gegenstimmen und Diskussion bis GF 1/1973.

- ders. (1972): „Aktion Neue Rechte – Manifest einer europäischen Bewegung." Zensierte Fassung in: Recht und Ordnung (ANR), 1/72. Originalfassung mit einer „Einleitung zur politischen Programmatik" in: JF 1/72.

- ders. (1973): „Warum sind wir Sozialisten? Sozialismus konkret 1." In: Neue Zeit, 4-5/1973. Nachdruck in: La Plata Ruf, Oktober 1973.

Eichberg, Henning (1973): „'Entwicklungshilfe' – Verhaltensumformung nach europäischem Modell? Universalismus, Dualismus und Pluralismus im interkulturellen Vergleich." In: Zeitschrift für Wirtschafts- und Sozialwissenschaften, 93: 641-670. – Gekürzt 1973: „Ethnopluralismus. Eine Kritik des naiven Ethnozentrismus und der Entwicklungshilfe." In: Junges Forum, Nr. 5: 3-12.

- ders. (1974): „Nationalrevolutionäre Strömungen im modernen Europa." In: Burschenschaftliche Blätter, 89: 169-72.

- ders. (1978): Nationale Identität. Entfremdung und nationale Frage in der Industriegesellschaft. München: Langen-Müller.

- ders. (1978): Leistung, Spannung, Geschwindigkeit. Sport und Tanz im gesellschaftlichen Wandel des 18./19. Jahrhunderts. Stuttgart: Klett.

- ders. (2004): The People of Democracy. Understanding Self-De-termination on the Basis of Body and Movement. Århus: Klim.

- ders. (2010): Bodily Democracy – Towards a Philosophy of Sport for All. London, New York: Routledge.

- ders. (2011): Minderheit und Mehrheit. Münster: Lit. Darin: „Ethnopluralismus – eine antikoloniale Begriffsgeschichte" (151-155).

Foucault, Michel (1966): Die Ordnung der Dinge. Frankfurt/Main: Suhrkamp.

Haffner, Sebastian (1980): „Rechts und links." In: Der Monat. – Nachdruck in: Haffner 1985: Im Schatten der Geschichte. Histo-risch-politische Variationen aus 20 Jahren. Stuttgart: DVA, 4.Aufl., 231-234.

Horkheimer, Max & Theodor W. Adorno (1944): Dialektik der Aufklä-rung. Neuaufl. 1971 Frankfurt/M.: Fischer.

Mosley, Oswald (1947): The Alternative. Ramsbury: Wiltshire.

Paetel, Karl Otto (1965): Versuchung oder Chance? Zur Geschichte des deutschen Nationalbolschewismus. Neuausgabe 1997 unter dem Titel: Nationalbolschewismus und nationalrevolutionäre Bewegung in Deutschland. Geschichte – Ideologie – Personen. Schnellbach: Siegfried Bublies.

Schüddekopf, Otto-Ernst (1960): Linke Leute von rechts. Die natio-nalrevolutionären Minderheiten und der Kommunismus in der Wei-marer Republik. Stuttgart: Kohlhammer.

Sloterdijk, Peter (2006): Zorn und Zeit. Politisch-psychologischer Versuch. Frankfurt/Main: Suhrkamp.

Staud, Toralf (2005): Moderne Nazis. Die neuen Rechten und der Aufstieg der NPD. Köln: Kiepenheuer & Witsch.

Sternhell, Zeev (1983): Ni droite ni gauche. L'idéologie fasciste en France. Paris: Seuil.

Strasser, Otto (1939): Europa von morgen. Das Ziel Masaryks. Zürich: Weltwoche.

Wittgenstein, Ludwig (1921): Tractatus logico-philosophicus. Logisch-philosophische Abhandlung. 7. Aufl. Frankfurt/Main 1969.

Wölk, Volkmar & Kerstin Köditz (2007): „'Die nationale Frage als Störfaktor'? Völkischer Antikapitalismus als Ideologie der Systemopposition von rechts." In: Nationaler Sozialismus – „Antikapitalismus" von völkischen Freaks. Berlin: T.O.P., 22-27.

www.ingramcontent.com/pod-product-compliance
Lightning Source LLC
Chambersburg PA
CBHW031135250726
48655CB00002B/681